ro
ro
ro

Dieses Buch können Sie …

1. von vorn bis hinten durcharbeiten,
2. oder auch in jeder anderen Richtung,
3. allein oder zu zweit. Oder gar nicht,
4. vielleicht einfach auf dem Wohnzimmertisch verstauben lassen? Es sieht ja schließlich schick aus. Außerdem wird jeder anfangen, darin zu blättern.
5. Und wie wäre es, wenn Sie es Tante Inge schenken?

Janne Mathis Eick …

1. ist männlich, mittelalt, mittelgroß, mittelgutaussehend,
2. hatte bislang keine phantastischen Schriftstellerjobs wie Fleischer, Robbenjäger, Steuerberater, Roughneck auf einer Bohrinsel, Ornithologe, Landvermesser, Bettler, Schiffsmechaniker, Archivar, Hundebestatter, Heißluftballonpilot oder Medikamententester,
3. verdient deshalb seinen Unterhalt beim Fernsehen,
4. lebt mit Frau und Kindern in Köln,
5. füllt in seiner Freizeit gerne Listen aus.

Janne Mathis Eick

Ich frage mich

Was ich schon immer von mir wissen wollte

Rowohlt Taschenbuch Verlag

Originalausgabe

Veröffentlicht im Rowohlt Taschenbuch Verlag,
Reinbek bei Hamburg, August 2010

Umschlaggestaltung ZERO Werbeagentur, München
(Illustrationsnachweis: FinePic®, München)
Satz Apollo MT PostScript, InDesign, bei
Pinkuin Satz und Datentechnik, Berlin
Druck und Bindung CPI – Clausen & Bosse, Leck
Printed in Germany
ISBN 978 3 499 62621 0

Inhalt

Einführung 7

Kapitel 1 **Unter Menschen** 9

Kapitel 2 **Zu Hause** 20

Kapitel 3 **Neurosen, Ängste und andere schöne Zeitvertreibe** 27

Kapitel 4 **Freizeit** 35

Kapitel 5 **Arbeit** 55

Kapitel 6 **Sex** 81

Kapitel 7 **Partnerschaft** 90

Kapitel 8 **Familie** 102

Kapitel 9 **Freundschaft** 126

Kapitel 10 **Glück und Gesundheit** 139

Kapitel 11 **Religion** 150

Kapitel 12 **Leben** 155

Kapitel 13 **Tod** 166

Kapitel 14 **Essen** 174

Kapitel 15 **Listen, die man nicht braucht** 184

Einführung

Bücher, die Listen sammeln, gibt es in verschiedenster Form, aber meist kommen sie über eine mehr oder weniger langweilige Aneinanderreihung von schnöden Tabellen nicht hinaus – und das, obwohl wir mit der Liste eines der brillantesten, wunderbarsten und formschönsten Dinge der kulturellen Welt vor uns haben, doch dazu gleich mehr.

Dieses Buch enthält ebenfalls Listen. Listen allerdings, die Sie in trauter Einsamkeit oder auch zusammen mit Ihren Freunden, Partnern und anderen Menschen, die Sie nicht loswerden, ausfüllen können. Vielleicht haben Sie Spaß daran. Vielleicht auch nicht. Wichtig ist nur, dass Sie das Buch nicht aus der Hand legen, bevor Sie es nicht sorgfältig und vollständig durchgearbeitet haben. Das hat pädagogische Gründe. Ich will es gleich erklären:

Listen ordnen die Welt. Die klare Struktur einer solchen Aufzählung hilft uns, einen Überblick zu bekommen, Relevantes von Unsinnigem zu unterscheiden und eine notwendige Gewichtung der Dinge, Gedanken und Fakten vorzunehmen. Listen vereinfachen Kompliziertes, stellen Stärken und Schwächen sofort heraus und bieten in jeder Lebenssituation Halt und Orientierung. Kurz – es gibt nichts Besseres.

Auch aus diesem Grund sollten Sie das Buch zur Gänze durcharbeiten. Schließlich haben Sie es ja erstanden, und Sie wollen ja nichts verschwenden (vgl. **Kapitel 10 Glück und Gesundheit,** «5 Dinge, die ich nicht verschwenden sollte»). Und selbst, wenn Sie es geschenkt bekommen haben, sollten Sie ebenfalls einmal darüber nachdenken – schließlich hat sich ja jemand etwas dabei gedacht, als er es Ihnen geschenkt hat. Vielleicht sollten Sie etwas mehr Ordnung, Struktur und Sinn in Ihr Leben bringen? Vielleicht sollen Sie sich selbst reflektieren (siehe zum Beispiel

Kapitel 5 Sex)? Ich will mich nicht einmischen, aber ... nun gut.

Jedenfalls, Listen fördern Ihre Kreativität, ganz unmittelbar. Sie sind elegant und formschön. Ihre anmutige Form spricht das Auge und die Sinne an, die Nähe zum Zen-Buddhismus ist ja unübersehbar. Wer sich in einem japanischen Garten wohlfühlt, die Reinheit genießt und den Fokus auf das Wesentliche des Augenblicks schätzt, kann das unendlich entspannende Gefühl jetzt schon nachvollziehen, das sich nach konzentrierter Lektüre dieses allergrößten aller Listenbücher einstellen wird. Die anderen Leser werden ebenfalls begeistert sein. Doch, ehrlich.

Um den ganzheitlichen Aspekt dieses Buches zu betonen, habe ich die Aspekte herausgegriffen, die für das Leben in unserer heutigen, so chaotisch ungestalteten, postmodernen Welt wichtig sind, und diese nach Themengebieten geordnet. Diese Kapitel bauen aufeinander auf und werden, je nach Relevanz für unsere menschliche Natur, in aufsteigender Reihenfolge dargestellt. Nichtsdestotrotz werden wir schon mit einer außerordentlich wichtigen Liste beginnen.

So, und jetzt aber los. Sonst kommen wir zu spät.

Janne Mathis Eick

Kapitel 1
Unter Menschen

Warum ich netter zu den Menschen sein sollte:

1. ....
2. ....
3. ....
4. ....
5. ....

Zu wem genau ich netter sein sollte:

1. ....
2. ....
3. ....
4. ....
5. ....

Und zu wem nicht:

1. ....
2. ....
3. ....
4. ....
5. ....

Diesmal ohne Bürokollegen:[1]

1. ....
2. ....
3. ....
4. ....
5. ....

Fünf berühmte Menschen, mit denen ich gerne einmal zu Abend essen würde:

1. ....
2. ....
3. ....
4. ....
5. ....

1 Sie haben es schließlich verdient, oder etwa nicht?

Fünf berühmte Menschen, mit denen ich auf keinen Fall einmal zu Abend essen würde:[2]

1. ....

2. ....

3. ....

4. ....

5. ....

Zehn positive Eigenschaften von mir:

1. ....

2. ....

3. ....

4. ....

5. ....

6. ....

7. ....

8. ....

9. ....

10. ....

2 Wahlweise: «Menschen, mit denen ich normalerweise immer zu Abend essen muss, und es ist leider nie charmant, witzig oder hochgeistig, sondern dröge und langweilig».

Was andere Menschen tatsächlich schon Positives über mich gesagt haben – vor Zeugen:[3]

1. ....

2. ....

3. ....

Fünf Selbsthilfegruppen, zu denen ich gehen würde – in aufsteigender Dringlichkeitsstufe (siehe auch **Kapitel 3 Neurosen, Ängste und andere schöne Zeitvertreibe**):

1. ....

2. ....

3. ....

4. ....

5. ....

Wie ich positiver auf andere wirken könnte:[4]

1. ....

2. ....

3. ....

4. ....

5. ....

3 Bitte wirklich ehrlich sein und nichts dazuerfinden! Nur drei Nennungen deshalb. Die Anmerkungen Ihrer Mutter zählen wegen Glaubwürdigkeitsproblemen nur die Hälfte.

Fünf Gründe, warum ich den ganzen Sportlerwahnsinn nicht mitmache:[5]

1. ....

2. ....

3. ....

4. ....

5. ....

Warum ich mein Fitnessstudio noch immer nicht gekündigt habe, obwohl ich seit Monaten nicht mehr da war – fünf Ausreden, die auch meine Mutter glauben würde:

1. ....

2. ....

3. ....

4. ....

5. ....

4 Wenn Ihnen hier wirklich gar nichts einfällt, bitte zum **Kapitel 7 Partnerschaft** gehen und die Listen zum Thema Trennung einfach durchstreichen. Das nützt nichts. Sie würden Ihren Partner eh nicht verstehen. Selbstreflexion ist eine wertvolle Eigenschaft – und kein Autoersatzteil.

5 Oder für Angeber wahlweise: «Fünf Dinge, die meine Sportbegeisterung mir gebracht hat».

Wenn die Frau mit dem schreienden Kleinkind im Bus / im Flugzeug / in der Bahn wie immer den Platz neben mir gebucht hat – fünf Strategien dafür, wie ich diesmal da rauskomme:

1. ....

2. ....

3. ....

4. ....

5. ....

Auf Reisen: Wenn mein Sohn / meine Tochter wie immer ausgerechnet dann anfängt zu schreien, wenn wir ohnehin zu spät kommen und alle anderen Fahrgäste uns schon hasserfüllt anstarren, weil sie der Meinung sind, dass wir aus Faulheit, Trotteligkeit oder Arroganz getrödelt haben und sowieso eine Schlampenfamilie sind – welche Ausreden mir diesmal einfallen: [6]

1. ....

2. ....

3. ....

4. ....

5. ....

6 Wahlweise: «Wie ich so wirken kann, als würde es mir nichts ausmachen».

Und warum wir tatsächlich zu spät sind (bitte ankreuzen und fürs nächste Mal merken):

- ☐ Faulheit
- ☐ Trotteligkeit
- ☐ Arroganz
- ☐ Schlampenfamilie

Warum ich nie, nie, aber auch wirklich nie sofort die richtige schlagfertige Antwort parat habe, sondern immer erst ein paar Stunden später, wenn ich zu Hause im Bett liege / an der Bushaltestelle stehe / der Zug abgefahren ist – und wie ich es ändern könnte:

1. ....
2. ....
3. ....
4. ....
5. ....

Welche Fremdwörter ich immer wieder falsch verwende (bitte vom Partner / Freund / Eltern ausfüllen lassen):[7]

1. ....
2. ....
3. ....
4. ....
5. ....
6. ....
7. ....
8. ....
9. ....
10. ....

7 Und dies niemals die eigenen Kinder fragen, falls man noch ein wenig Selbstachtung bewahren will!

Was ich diesmal antworte, wenn die dicke, ungepflegte, von Regen durchnässte, nach Knoblauch und Luksusowa-Wodka riechende Frau in der S-Bahn / U-Bahn / Straßenbahn / Bus / Nahverkehrszug / überall genau dann aufsteht, wenn der Fahrer Gas gibt, und sie deshalb *ausgerechnet* auf mich fällt:

1. ....

2. ....

3. ....

4. ....

5. ....

Schlangestehen: Warum ich trotzdem nervös werde, obwohl ich weiß, dass, wenn ich jetzt zu der vermeintlich kürzeren Schlange wechsle, diese unweigerlich ins Stocken gerät und ich in jedem Fall besser dran gewesen wäre, wenn ich geblieben wäre, wo ich jetzt bin (soll ich die Frage nochmal wiederholen, oder ist das klar?): [8]

1. ....

2. ....

3. ....

4. ....

5. ....

8 Oder einfach: «Warum ich nie, aber auch nie zufrieden bin im Leben».

Welcher Jugendbewegung ich mal angehört habe:[9]

1. ....

2. ....

3. ....

Früher: Rauchen auf dem Schulhof. Heute: Was mich auch jetzt noch rebellisch, sexy und supercool wirken lassen könnte:

1. ....

2. ....

3. ....

4. ....

5. ....

«Fahren Sie dem Wagen da vorne hinterher, und wehe, Sie lassen sich abschütteln!» Oder: Welchen Spruch ich schon immer mal sagen wollte:

1. ....

2. ....

3. ....

4. ....

5. ....

9 Bei mehr als drei Nennungen bitte umgehend zu der «Fähnlein-im-Wind-Liste» in **Kapitel 9 Freundschaft** gehen und sich was schämen.

Wo ich es mir leisten kann, tiefzustapeln: [10]

1. ....

2. ....

3. 19

4. ....

5. ....

10 Weil die anderen mir verlässlich bescheinigen, dass ich ohnehin der Beste bin, ein toller Freund, ein Sexgott, äh … ich wollte nicht vorgreifen, Entschuldigung.

Kapitel 2
Zu Hause

Fünf Gründe, heute im Bett zu bleiben:

1. ....
2. ....
3. ....
4. ....
5. ....

Fünf Gründe, heute aufzustehen:

1. ....
2. ....
3. ....
4. ....
5. ....

Fünf neue Worte für den Zustand, in dem ich wach, aber schlapp im Bett liege und mich vor etwas drücke, aber weiß, dass ich aufstehen muss, und dennoch den Moment hinauszögere, so lange es geht:

1. ....
2. ....

3. ....

4. ....

5. ....

Wenn ich dann doch aufgestanden bin – fünf aufbauende Sprüche, die mir helfen, durch den Tag zu kommen: [11]

1. ....

2. ....

3. ....

4. ....

5. ....

Fünf Möglichkeiten, wie ich die Zeit zwischen *Tagesschau* und Zubettgehen besser überbrücken könnte als mit Fernsehen:

1. ....

2. ....

3. ....

4. ....

5. ....

11 Sprüche, die einem zwar leider niemand sagt, aber immerhin, wenigstens … etwas.

Fünf Gründe dafür, warum ich dann doch fernsehe:

1. ....

2. ....

3. ....

4. ....

5. ....

Fünf Gründe, warum ich dieses seltsame laute Klackern der Heizung noch immer nicht repariert habe:

1. ....

2. ....

3. ....

4. ....

5. ....

Fünf Dinge, die ich der Bank zur Sicherheit geben könnte, damit der Finanzierungsplan für das eigene Haus gelingt:

1. ....

2. ....

3. ....

4. ....

5. ....

Fünf Gründe, warum Mietwohnungen die wirklich einzig wahre Form des modernen Lebens sind:

1. ....

2. ....

3. ....

4. ....

5. ....

Neben der Heizung – was ich diese Woche auch schon wieder nicht getan habe, obwohl ich es mir fest vorgenommen hatte:[12]

1. ....

2. ....

3. ....

4. ....

5. ....

6. ....

7. ....

8. ....

9. ....

10. ....

12 Fallen hier Bemerkungen wie «mich waschen» oder «Beerdigungsinstitut anrufen und Sarg für Mutter bestellen», bitte (dringend) Rücksprache mit psychologischer Beratungsstelle suchen.

Wie ich meine Faulheit sonst noch schönreden könnte:

1. ....

2. ....

3. ....

4. ....

5. ....

Die Schlüssel an meinem Schlüsselbund und ihre jeweilige Bestimmung:[13]

1. ....

2. ....

3. ....

4. ....

5. ....

6. ....

7. ....

8. ....

9. ....

10. ....

13 Oder anders formuliert: «Warum ich es nicht schaffe, meinen Schlüsselbund auszumisten, sondern eine groteske Zahl an Schlüsseln mit mir herumschleppe, von denen ich nicht weiß, wofür sie sind. Zehn Gründe.» So. Und übrigens: Die Schlüssel, die nicht zugeordnet werden können, fliegen sofort raus. Allez!

Wem ich alles beim Umziehen helfen musste (und wer sich bei meinem Umzug gedrückt hat):[14]

1. ....

2. ....

3. ....

4. ....

5. ....

Warum die Wohnungen in den Zeitungen und Magazinen immer so viel schöner und wohnlicher und angenehmer und attraktiver und reizvoller aussehen als meine – egal, was ich tue:

1. ....

2. ....

3. ....

4. ....

5. ....

14 So. Und alle «Freunde», die sich feige verdrückt haben, fliegen auch sofort raus!

Mag ich:

1. ....

2. ....

3. ....

4. ....

5. ....

Mag ich nicht:

1. ....

2. ....

3. ....

4. ....

5. ....

Kapitel 3
Neurosen, Ängste und andere schöne Zeitvertreibe

Meine fünf liebsten und aktuellsten Neurosen:[15]

1. ....
2. ....
3. ....
4. ....
5. ....
6. ....
7. ....
8. ....
9. ....
10. ....

15 Plus nochmal fünf, damit Sie auch nichts vergessen.

Wenn ich mir freiwillig eine Phobie aussuchen könnte, würde ich … nehmen:

1. ……………………………………………………

2. ……………………………………………………

3. ……………………………………………………

4. ……………………………………………………

5. ……………………………………………………

Seltsame Angewohnheiten von mir, die ich noch gar nicht so schlimm einschätzen würde, als dass ich Hilfe bräuchte, aber ich habe sehr wohl schon bemerkt, dass die Leute manchmal komisch gucken:

1. ……………………………………………………

2. ……………………………………………………

3. ……………………………………………………

4. ……………………………………………………

5. ……………………………………………………

Tiere, vor denen ich Angst habe:

1. ……………………………………………………

2. ……………………………………………………

3. ……………………………………………………

4. ……………………………………………………

5. ……………………………………………………

Menschen, vor denen ich Angst habe (abgesehen von den üblichen wie Partner / Chef / die eigenen Kinder / Schwiegervater / Schwiegermutter): [16]

1. ....

2. ....

3. ....

4. ....

5. ....

Dinge, vor denen ich Angst habe: [17]

1. ....

2. ....

3. ....

4. ....

5. ....

16 Wenn Ihnen trotzdem nur Ihr Partner einfällt, sollten Sie wirklich mal drüber nachdenken, ob … oder besser … ach, was weiß ich. Das ist hier ja keine Paartherapie.

17 Hier können Sie sich so richtig austoben und die wirklich relevanten Dinge ansprechen, die in den Listen zuvor zu kurz kamen.

Bei welchem Abstand zum Boden meine Höhenangst einsetzt (bitte ankreuzen):

- ☐ Wenn ich aufstehe.
- ☐ 5 cm
- ☐ 10 cm
- ☐ 20 cm
- ☐ 50 cm
- ☐ 1 Meter
- ☐ 5 Meter
- ☐ 10 Meter
- ☐ 2000 Meter
- ☐ 2,5 Lichtjahre[18]

Wie oft ich schon gedacht habe, dass mein Flugzeug abstürzt / der Balkon abbricht, auf dem ich gerade stehe / das Schiff sinkt / mein Auto explodiert:

1. ....

2. ....

18 Angeber!

Ehrlich? Nicht häufiger?

3. ....

4. ....

5. ....

6. ....

7. ....

8. ....

9. ....

10. ....

11. ....

12. ....

13. ....

Ist ja gut. Reicht.

Ich bin viel zu …! Ach, wenn ich doch nicht so … wäre:

1. ....

2. ....

3. ....

4. ....

5. ....

Wen ich in meiner Kindheit immer geärgert habe:[19]

1. ....

2. ....

3. ....

4. ....

5. ....

Wer mich in meiner Kindheit immer geärgert hat:[20]

1. ....

2. ....

3. ....

4. ....

5. ....

19 Die geschätzte Dauer der dadurch notwendig gewordenen Psychoanalyse bitte mit angeben.

20 Die geschätzte Dauer der dadurch notwendig gewordenen Psychoanalyse bitte mit angeben. Belege der Krankenkasse bitte dazuheften.

Warum ich mir endlich einmal eingestehen sollte, dass ich nicht mehr Anfang/Mitte 20 bin:[21]

1. ....

2. ....

3. ....

4. ....

5. ....

Männer: Ich muss abnehmen an folgenden Körperstellen:

1. ....

2. ....

3. Wieso, ist doch alles in Ordnung mit mir.

21 Um so peinliche Momente wie letztens vor dem Eingang der Disco zu vermeiden. Übrigens: «Disco» gibt es überhaupt nicht mehr. Die jungen Leute sagen heute «Club». Auch so ein Anzeichen …

Frauen: Ich muss abnehmen an folgenden Körperstellen:

1. ....

2. ....

3. ....

4. ....

5. ....

6. ....

7. ....

8. ....

9. ....

10. ....

11. ....

12. ....

13. ....

14. ....

15. ....

16. ....

17. ....

18. [22] ....

22 Ich weiß, ein Klischee. Aber ist es nicht irgendwie doch wahr? Also. Und es ist uns allen klar, dass die Liste eigentlich sogar noch viel länger sein müsste, aber ich höre hier auf, bevor es peinlich wird.

Kapitel 4
Freizeit

Dinge, von denen ich dachte, ich müsste sie besitzen, weil mir das ein Zeitungsartikel / ein entfernter Bekannter / mein Jahreshoroskop / mein angeblich bester Freund / eine andere unzuverlässige Quelle weisgemacht hat und ich blind darauf reingefallen bin: [23]

1. ....
2. ....
3. ....
4. ....
5. ....

Fünf Autos, mit denen ich meinen Nachbarn beeindrucken könnte: [24]

1. ....
2. ....
3. ....
4. ....
5. ....

23 Oder anders formuliert: «Liste von Dingen, die ich weiterverschenken werde».

24 Oder den besten Kumpel. Oder den Chef. Oder meine Flamme. Oder meinen Bankberater.

Fünf Autos, die dagegen praktisch, ökonomisch und familientauglich wären:

1. ....

2. ....

3. ....

4. ....

5. ....

Fünf Lieder, die ich gerne heute im Radio gehört hätte, die aber leider nicht gespielt wurden:

1. ....

2. ....

3. ....

4. ....

5. ....

Fünf Radiosender, die ich trotzdem höre, obwohl sie nie das spielen, was ich eigentlich hören will:

1. ....

2. ....

3. ....

4. ....

5. ....

Fünf Bücher, über die man spricht und die ich lesen sollte:

1. ....
2. ....
3. ....
4. ....
5. ....

Fünf tolle Dinge, die ich stattdessen tun könnte:

1. ....
2. ....
3. ....
4. ....
5. ....

Weil es regnet und kalt ist und es zu Hause einfach viel, viel besser ist als irgendwo sonst – fünf Vorschläge für Entschuldigungen, die ich benutzen würde, wenn ich noch zur Schule ginge:

1. ....
2. ....
3. ....
4. ....
5. ....

Fünf Ideen dafür, wo ich den Satz «Der Hund hat meine Hausaufgaben gefressen» auch heute noch gut benutzen könnte:

1. ....

2. ....

3. ....

4. ....

5. ....

Fünf Namen für das Wollknäuel, das ich heute Morgen zwischen meinen Zehen gefunden habe:

1. ....

2. ....

3. ....

4. ....

5. ....

Fünf Lieblingsbeschäftigungen von mir, die nun wirklich absolut keinen Sinn haben:

1. ....

2. ....

3. ....

4. ....

5. ....

Zeitschriften, die ich abonniert habe und eigentlich schon längst hätte abbestellen sollen:[25]

1. ....

2. ....

3. ....

4. ....

5. ....

Fünf Vorwände, warum ich, selbst, wenn ich die Zeit hätte, dann doch nicht den Dachboden / den Keller / den Schrank / den Küchenschrank / den oder das … aufräumen würde:

1. ....

2. ....

3. ....

4. ....

5. ....

25 Gilt auch für das Fitnessstudio.

Was ich am allerliebsten nicht aufräumen würde:

1. ....

2. ....

3. ....

4. ....

5. ....

Fünf Ausreden, die nicht nur mich selbst, sondern auch meine Frau / meinen Mann / meine Mutter überzeugen würden:

1. ....

2. ....

3. ....

4. ....

5. ....

Warum es in meinem Alter lächerlich sein könnte, eine Videospielkonsole zu haben:

1. ....

2. ....

3. ....

4. ....

5. ....

Und warum ich es dennoch ignoriere:

1. ....

2. ....

3. ....

4. ....

5. ....

Wenn ich den Kauf einer Videospielkonsole im Familienrat durchbringen möchte – wie ich die Mitglieder des Familienrats bestechen kann (mehrere Angaben pro Mitglied möglich):

1. ....

2. ....

3. ....

4. ....

5. ....

Warum es sich lohnt, als Single zu leben – fünf naheliegende Gründe:[26]

1. ....

2. ....

3. ....

4. ....

5. ....

Meine fünf Lieblingsfetische:

1. ....

2. ....

3. ....

4. ....

5. ....

26 Für alle unglücklichen Singles: Aus der Aufzählung Mut schöpfen und dann **Kapitel 7 Partnerschaft** aufmerksam, aber verächtlich studieren.

Zehn Platten, die man wahrscheinlich haben muss, die ich aber noch immer nicht gehört habe und es auch nicht tun werde:

1. ....

2. ....

3. ....

4. ....

5. ....

6. ....

7. ....

8. ....

9. ....

10. ....

Zehn Filme, die ich lieber angesehen hätte, als letztens den Abend mit Freunden von Bekannten zu verbringen (was grauenhaft / langweilig / hochnotpeinlich war):

1. ....

2. ....

3. ....

4. ....

5. ....

6. ....

7. ....

8. ....

9. ....

10. ....

Warum gerade ich mich wieder danebenbenehmen musste (an jenem Abend bei den Freunden von Bekannten):[27]

1. ....

2. ....

3. ....

4. ....

5. ....

27 Oder wahlweise: «Wie ich mich damals bei den Freunden von Bekannten hätte danebenbenehmen können, damit endlich mal Schwung in die ganze Sache gekommen wäre – fünf Vorschläge für unangepasstes Verhalten».

Für welchen Schauspieler / welche Schauspielerin ich diese kindliche Schwärmerei habe, die eigentlich durch nichts und vor niemandem zu rechtfertigen ist (vor allem nicht vor dem eigenen Partner), denn bei Licht gesehen, ist der / die gar nicht so toll, also wirklich nicht: [28]

1. ....

2. ....

3. ....

4. ....

5. ....

Fünf Bücher, die ich lieber gelesen hätte, als den Abend nutzlos vor dem Fernseher zu verplempern: [29]

1. ....

2. ....

3. ....

4. ....

5. ....

28 Diese Liste kann der Klarheit halber auch gerne vom Partner ausgefüllt werden.

29 Dies ist nicht die Liste «Bücher, über die man spricht – die ich lesen *sollte*».

Was ich im Fernsehen gestern gelernt habe:[30]

1. ....

2. ....

3. ....

4. ....

5. ....

Was ich aus einem Buch hätte lernen können:[31]

1. ....

2. ....

3. ....

4. ....

5. ....

30 Bitte nach Nachhaltigkeit und Relevanz für das eigene Leben ordnen!

31 Bitte erst recht nach Nachhaltigkeit und Relevanz für das eigene Leben ordnen und nicht dem Bildungsbürgertumklischee verfallen.

Warum Bildung total überbewertet wird:[32]

1. ....

2. ....

3. ....

4. ....

5. ....

Meine liebsten ekstatischen Momente:

1. ....

2. ....

3. ....

4. ....

5. ....

Meine schlimmsten Fehlkäufe (in der Reihenfolge ihres Dummheitsgrades):

1. ....

2. ....

3. ....

4. ....

5. ....

32 Gut, das ist jetzt etwas übertrieben, genauso wie Schwanitz' «Alles, was man wissen muss». Ich formuliere die Aufgabe um: «Was sonst noch alles total überbewertet wird».

Wohin ich endlich einmal in den Urlaub fahren würde, wenn ich den Ballast loswerden könnte (Partner, Familie, zu wenig Urlaubstage, Geldsorgen):

1. ……………………………………………………

2. ……………………………………………………

3. ……………………………………………………

4. ……………………………………………………

5. ……………………………………………………

Auswendig – die Telefonnummern von fünf für mich wichtigen Menschen (nicht Geschäftskunden!): [33]

1. ……………………………………………………

2. ……………………………………………………

3. ……………………………………………………

4. ……………………………………………………

5. ……………………………………………………

33 Falls es weniger als drei sein sollten: Schämen Sie sich, ab in die Ecke, und verbannen Sie Ihr Handy!

Wenn ich mir schon wieder eine Schwarzkopie (Musik / Film / Buch / Software / …) aus dem Internet geladen habe, obwohl ich weiß, dass es strafbar / unfair / moralisch nicht einwandfrei und sowieso für den Zusammenbruch der Musik- / Film- / Literatur- / Computer- / …industrie verantwortlich ist – fünf Ausreden, die ich auch vor Gericht anbringen würde:

1. ……………………………………………………

2. ……………………………………………………

3. ……………………………………………………

4. ……………………………………………………

5. ……………………………………………………

Welche modischen Zeitgeist-Begriffe ich nicht leiden kann – und doch immer wieder benutze: [34]

1. ……………………………………………………

2. ……………………………………………………

3. ……………………………………………………

4. ……………………………………………………

5. ……………………………………………………

34 Falls es Doppelungen zur Liste «Welche Fremdwörter ich immer wieder falsch verwende» gibt – bitte endlich einmal auswendig lernen oder beim nächsten Mal den Mund mit Kernseife auswaschen.

Womit ich zu viel Zeit verplempere:[35]

1. ....

2. ....

3. ....

4. ....

5. ....

Was, wenn das eben spontan erstandene Kunstwerk dieses wirklich demnächst kommenden und schon jetzt als Geheimtipp geltenden Künstlers nicht in das Farbkonzept meiner Wohnung passt:[36]

1. ....

2. ....

3. ....

4. ....

5. ....

35 Wohlgemerkt: Dies ist nicht in **Kapitel 5 Arbeit** angesiedelt. (Vgl. bitte auch die ergänzende Liste in **Kapitel 12 Leben** auf Seite 165.)

36 Es gibt sicherlich elegantere Weisen, um zu beschreiben: «überteuert und in einem Anfall von Wahn völlig bescheuert gekauft», aber nehmen Sie es bitte einfach so hin.

Meine allerliebsten Lieblingskleidungsstücke:[37]

1. ....

2. ....

3. ....

4. ....

5. ....

Welche weisen Sätze ich noch nie verstanden habe:[38]

1. ....

2. ....

3. ....

4. ....

5. ....

37 Also nicht das alte, hässliche T-Shirt, das Sie nachts im Bett tragen, sondern die Kleidungsstücke, mit denen man begraben werden möchte. (Falls es sich dabei nicht um dasselbe handelt – Entschuldigung.)

38 Oder wahlweise: «Mit welchen Bauernregeln oder anderen Floskeln ich den Leuten am liebsten auf den Nerv gehe».

Wie viel Taschengeld ist angemessen im Alter von:

1 Jahr: ....

3 Jahren: ....

6 Jahren: ....

10 Jahren: ....

15 Jahren: ....

17 Jahren: ....

18 Jahren: ....

22 Jahren: ....

30 Jahren: ....

40 Jahren: ....

65 Jahren: ....

80 Jahren: ....

So, nun zurück zur Grundschule und zu den Freundschaftsbüchern: [39]

1. Mein Geburtstag: ....
2. Meine Lieblingsfarbe: ....
3. Mein Lieblingstier: ....
4. Mein Lieblingsfach: ....
5. Meine besten Freunde:

   1. ....
   2. ....
   3. ....
   4. ....

5. Wen ich am liebsten habe: ....
6. Mein Lieblingssportler: ....
7. Mein Lieblingsspruch: [40] ....

   ....

8. Mein Lieblingslehrer: [41] ....
9. Was ich einmal werden möchte: ....

39 Bitte ausfüllen und am Montag in der großen Pause zurückgeben.

40 Bitte ohne nachzuschlagen!

41 Wenn Sie sich jetzt noch dran erinnern, muss er Eindruck gemacht haben. Seien Sie nett, rufen Sie ihn an und sagen Sie ihm das. Er wird sich sehr freuen. (Falls Sie ihn zufällig geehelicht haben sollten, will ich nichts gesagt haben. Außer, dass ich mir Sorgen um Sie mache.)

11. Und meine Hobbys:[42]

....

....

....

....

....

....

....

....

....

....

42 Falls Ihnen hier gar nichts einfällt, bitte Listen in **Kapitel 3 Neurosen, Ängste und andere schöne Zeitvertreibe** im Hinblick auf Bedürfnisbefriedigung und Triebsteuerung überarbeiten. In jedem Fall ist dies eine gute Überleitung zum nächsten Kapitel …

Kapitel 5
Arbeit

Nochmal fünf Kollegen, die ich hasse:[43]

1. ....
2. ....
3. ....
4. ....
5. ....

Fünf Jobs, die mir mehr Spaß machen würden:[44]

1. ....
2. ....
3. ....
4. ....
5. ....

43 Bei Selbständigen: «Fünf Auftraggeber, die ich hasse». Beim modernen Prekariat: «Fünf Praktikumsstellen, die scheiße waren». Beim Berlin-Mitte-Hipster: «Fünf Coffeeshop-Bedienungen, die ich hasse».

44 Vgl. auch die Liste in **Kapitel 4 Freizeit**: «Was ich einmal werden möchte».

Fünf Gründe, warum ich mir keinen anderen Job suche:

1. ....

2. ....

3. ....

4. ....

5. ....

Fünf Gründe, warum / worin ich besser bin als mein Kollege, obwohl der leider mehr Geld verdient als ich:

1. ....

2. ....

3. ....

4. ....

5. ....

Fünf Gründe dafür, warum ich jetzt – während der Arbeitszeit – diese Liste ausfülle: [45]

1. ....

2. ....

3. ....

4. ....

5. ....

Warum die Arbeit heute besonders doof ist / war:

1. ....

2. ....

3. ....

4. ....

5. ....

45 Oder wahlweise: «… mich nicht auf den morgigen Termin vorbereite und stattdessen hier auf dem Sofa sitze und dieses, zugegeben, ganz wunderbare Buch lese».

Welche Entspannungsübungen mir im Büro helfen könnten: [46]

1. ....

2. ....

3. ....

4. ....

5. ....

Wie ich mir an meinem Schreibtisch sonst die Zeit vertreibe: [47]

1. ....

2. ....

3. ....

4. ....

5. ....

46 Abgesehen von Zen-Bogenschießen vielleicht. Obwohl, na ja, wenn Sie Platz haben für die Zielscheibe …

47 Ohne eine Kündigung wegen Surfens im Internet zu riskieren.

Was würde mein Vorgesetzter sagen, wenn er davon erführe: [48]

1. ....

2. ....

3. ....

4. ....

5. ....

48 Wahlweise: «Womit könnte ich meinen Chef bestechen?» Oder auch gerne: «Womit könnte ich meinen Chef erpressen?»

Falls ich keinen eigenen Schreibtisch habe – zehn philosophische Gedankenexperimente, mit denen ich mir die Zeit vertreiben kann (bitte sortieren nach Sympathiepunkten):

.... Was, wenn wir nicht nur im Raum, sondern auch in der Zeit reisen könnten?

.... Was, wenn wir nur Vorstellungen von uns selbst wären?

.... Was, wenn es eine Zwillingserde gäbe?

.... Was, wenn dies gar kein Buch ist, was ich in den Händen halte?

.... Was, wenn ich nur Teil eines gigantischen Supercomputers wäre?

.... Was, wenn ein gigantischer Supercomputer ein Teil von mir wäre?

.... Was, wenn jemand unbemerkt mein Gehirn ausgetauscht hätte – bin ich dann noch der, der ich bin?

.... Was, wenn alle Körper eigentlich nicht gleich schnell fallen würden?

.... Wäre ein allmächtiges Wesen in der Lage, etwas zu tun, was seine eigene Allmacht einschränkt, wodurch es seine Allmacht verlieren würde?

.... Was sollen diese Fragen?

Fünf mögliche Kostüme, die ich auf der nächsten Karnevalsfeier im Büro tragen könnte:[49]

1. ....

2. ....

3. ....

4. ....

5. ....

Fünf Gründe dafür, warum mein Chef mein Chef ist:[50]

1. ....

2. ....

3. ....

4. ....

5. ....

49 Oder wahlweise: «Fünf Ideen dafür, wie ich es auf der nächsten Karnevalsfeier verhindern kann, dass man mich erkennt, wenn ich wieder einmal zu betrunken und peinlich bin».

50 Wenn es geht, bitte ohne Häme, Neid und Frustrationsaggression. Wenn es nur mit geht: Bitte, dann eben mit.

Fünf Ideen dafür, wie ich Chef anstelle des Chefs werden könnte:

1. ....

2. ....

3. ....

4. ....

5. ....

Fünf Gründe, warum es besser ist, ein Mann zu sein: [51]

1. ....

2. ....

3. ....

4. ....

5. ....

51 Die Liste für Frauen kommt in **Kapitel 7**. Keine Sorge.

Eine Titelliste (okay, meinetwegen auch Songs):

1. ....

2. ....

3. ....

4. ....

5. ....

6. ....

7. ....

8. ....

9. ....

10. ....

Wäre eine reiche Heirat für mich tatsächlich eine Option gewesen?[52]
Fünf Gründe, die dafür sprechen:

1. ....

2. ....

3. ....

4. ....

5. ....

52 Falls es noch nicht zu spät ist: Bitte besonders sorgfältig und ernsthaft ausfüllen! Und: Natürlich steht das hier richtig unter der Rubrik **Arbeit**. Was dachten Sie denn? Das fällt einem auch nicht einfach so in den Schoß.

Und fünf Gründe, die dagegen sprechen:

1. ....

2. ....

3. ....

4. ....

5. ....

Einige Floskeln, mit denen ich die peinlichen Gesprächspausen beim Umtrunk in der Abteilung füllen kann:

1. ....

2. ....

3. ....

4. ....

5. ....

Die besten Ausreden, damit ich nicht an einem solchen Umtrunk teilnehmen muss:[53]

1. ....

2. ....

3. ....

4. ....

5. ....

Wenn ich von der Sekretärin gemobbt werde – fünf Ideen, um das Verhältnis wieder ins Lot zu bringen:[54]

1. ....

2. ....

3. ....

4. ....

5. ....

53 Kann erweitert werden durch: «Fünf Möglichkeiten, wie ich mich daran erinnere, solche Ausreden rechtzeitig anzubringen, damit es nicht peinlich auffällt».

54 «Sex» und «Pralinen» zählen nicht! Bitte etwas einfallsreicher. Für den Fall, dass Sie die Sekretärin sind, die mobbt: Bitte Wunschliste formulieren und bei Gelegenheit auf dem Schreibtisch unauffällig platzieren.

Der Betriebsrat – wertvolle Helfer oder rote Sozialistenstreber und faule Übrigbleiber aus der Schülervertretung an der Schule? Eine Argumentenliste:

1. ………………………………………………

2. ………………………………………………

3. ………………………………………………

4. ………………………………………………

5. ………………………………………………

Wie ich mit Zurückweisung umgehen kann – Taktiken für die Mittagspause, wenn sich wieder niemand an meinen Tisch setzt:

1. ………………………………………………

2. ………………………………………………

3. ………………………………………………

4. ………………………………………………

5. ………………………………………………

Gefahrlose Gesprächsthemen für meine nächste gemeinsame Fahrt mit dem Kollegen zu einem Termin / in der U-Bahn / in einem Auto:

1. ....

2. ....

3. ....

4. ....

5. ....

Hobbys, die mich interessant erscheinen lassen:

1. ....

2. ....

3. ....

4. ....

5. ....

Wie ich das Bild, ich sei ein Angeber / eine Vollnull wieder revidieren könnte – Strategien und Lösungsvorschläge:[55]

1. ....

2. ....

3. ....

4. ....

5. ....

Wenn die junge Praktikantin / Kundin / Kollegin nun doch kein ernsthaftes Interesse an mir hatte, sondern nur etwas lernen / kaufen / einfach nur nett sein wollte, und ich das falsch interpretiert habe – fünf Ideen, wie ich schnell wieder eine unverfängliche Stimmung erzeugen kann:[56]

1. ....

2. ....

3. ....

4. ....

5. ....

55 Siehe auch in **Kapitel 7**, «Fünf Eigenschaften, die mein Partner nicht leiden kann».

56 Nein, tut mir leid. Diese Frage ist wirklich nur für Männer. Frauen vertun sich da eigentlich seltener. Für Männer, nochmal: Nein, sie wollte wirklich nur nett sein. Warum ist das denn so schwer zu verstehen?

Bei einem Geschäftstermin – wie reagiere ich, wenn der Kollege etwas Dummes sagt oder tut:[57]

1. ....

2. ....

3. ....

4. ....

5. ....

Wenn ich bei einem Geschäftstermin etwas falsch verstanden und daraufhin unnötiges Chaos verursacht habe – wie ich die Wogen wieder glätten könnte:

1. ....

2. ....

3. ....

4. ....

5. ....

57 Mit den Optionen a) ohne den Kollegen bloßzustellen, b) mit bloßstellen. (Was immer Ihnen mehr Spaß macht.)

Wenn ich es vor meinem Chef verbockt habe – wie ich meine Würde behalte und dennoch einen Kotau machen kann:

1. ....

2. ....

3. ....

4. ....

5. ....

Stellenbörsen, Jobanzeigen, Personalvermittler – welche möglichen Optionen habe ich in der nahen Zukunft:

1. ....

2. ....

3. ....

4. ....

5. ....

Warum Geld mich nicht glücklich macht (siehe auch **Kapitel 9 Glück und Gesundheit**):

1. ....

2. ....

3. ....

4. ....

5. ....

Wie ich mit weniger (Geld, Liebe, Ansehen, Wertschätzung, Streicheleinheiten, Sex, alles) auskomme – fünf goldene Tipps für den Hausgebrauch (siehe auch **Kapitel 3, 6, 7, 8, 9, 10, 14** und erst recht **15**):

1. ....

2. ....

3. ....

4. ....

5. ....

Was das freudige Gewinnerlächeln – auch wenn mir nicht danach ist – alles überspielen könnte: [58]

1. ....

2. ....

3. ....

4. ....

5. ....

Schluss mit den ewigen Durchhalteparolen! Wie man endlich einmal den Arsch zusammenkneift und denen da oben richtig die Meinung sagt – die besten Anfangssätze für den endlich fälligen Protest bei meinem Chef: [59]

1. ....

2. ....

3. ....

4. ....

5. ....

58 Bitte konkrete Situationen aus der Vergangenheit nochmals nachstellen und mit Gewinnerlächeln neu durchspielen.

59 Bitte Liste parat halten: «Stellenbörsen, Jobanzeigen, Personalvermittler – ganz ernsthafte mögliche Optionen – jetzt sofort!!!»

Wenn ich in der Konferenz wieder einmal nicht zu Wort komme – wer mir auf jeden Fall immer zuhören würde, egal, was für einen Unsinn ich verzapfe:

1. ....

2. ....

3. ....

4. ....

5. ....

Wenn ich Bundeskanzler(in) wäre – was ich alles ändern würde:

1. ....

2. ....

3. ....

4. ....

5. ....

Wenn ich (aus Versehen) Präsident der Vereinigten Staaten von Amerika werden würde – was ich dann alles ändern würde:[60]

1. ....

2. ....

3. ....

4. ....

5. ....

Mit wie vielen Stunden Schlaf pro Nacht ich auskomme (siehe auch **Kapitel 8 Familie**):

....

Was ich als Mutter mit dem Präsidentenstab alles anfangen würde (Pressesprecher, Maskenbildner, Redenschreiber, strategische Berater, Justizberater usw.):[61]

1. ....

2. ....

3. ....

4. ....

5. ....

Äh, ja. Fangen wir einfach an.

....

60 Und was mein Wahlslogan wäre – die fünf besten Ideen.

61 'tschuldigung, bin abgeschweift. Außerdem ist das mit dem Präsidentenstab extrem doppeldeutig. Tut mir leid.

Wenn mein Sitznachbar im Flugzeug auch meine Armlehnen mit seinen Ellenbogen belegt – fünf Strategien, wie ich mein Terrain zurückerobern kann:

1. ....

2. ....

3. ....

4. ....

5. ....

Fünf schlagfertige Bemerkungen zu unverschämten Taxifahrern:

1. ....

2. ....

3. ....

4. ....

5. ....

Wenn meine Firma zu geizig ist und ich mit öffentlichen Verkehrsmitteln zu den Geschäftsterminen anreisen muss – wie unterdrücke ich die Neidgefühle gegenüber privilegierten Businessreisenden und rede mir die Sache schön?

1. ....

2. ....

3. ....

4. ....

5. ....

Warum alle anderen immer so viel gesünder / fitter / besser / sexier / schlauer / weltmännischer aussehen: [62]

1. ....

2. ....

3. ....

4. ....

5. ....

62 Gerne koppeln mit der Frage: «Aber sind die wirklich glücklich, oder unterstelle ich das nur?»

Die Karrieristen – warum ich trotzdem manchmal neidisch auf diese überperfekten und arroganten Emporkömmlinge bin:

1. ....

2. ....

3. ....

4. ....

5. ....

Mein eigener Maßnahmenkatalog für den Weg an die Spitze:

1. ....

2. ....

3. ....

4. ....

5. ....

Welche privaten Termine ich in der letzten Zeit wegen der Arbeit abgesagt habe:

1. ....

2. ....

3. ....

4. ....

5. ....

Wenn ich noch nie einen Termin wegen der Arbeit abgesagt habe – wie erfüllend ist es wirklich, streng nach Stechuhr zu arbeiten? Bitte ankreuzen:

- ☐ Sehr.

- ☐ Überhaupt nicht.
- ☐ Mittel.
- ☐ Es ist phantastisch. Doch, wirklich.
- ☐ Ich verstehe die Frage nicht. Arbeit ist Arbeit.
- ☐ Was zählt, ist auf'm Platz.
- ☐ Wenn ich nicht immer so ein Pech gehabt hätte, dann wäre ich noch ganz groß rausgekommen, aber die haben mich ja nie gelassen.
- ☐ Was ist nochmal eine «Stechuhr»?

Wenn ich nicht einmal mehr einen Dreisatz kann – welche anderen Schwächen muss ich dringend ebenfalls im Einstellungstest kaschieren:

1. ....
2. ....
3. ....
4. ....
5. ....

Was habe ich eigentlich aus meinem Mathe-/ Deutsch-/ Englisch-/ Sport-Leistungskurs behalten:[63]

1. ....

2. ....

3. ....

4. ....

5. ....

Meine liebsten Fluchtphantasien im Arbeitsalltag:

1. ....

2. ....

3. ....

4. ....

5. ....

63 Sie können sich nicht einmal mehr an einen Leistungskurs erinnern? Dann hoffe ich sehr, dass Sie nach der Mittelstufe abgegangen sind.

Wenn ich dem Chef auf dem Klo begegne – welche Themen sollte ich nicht anschneiden? (Bitte in der Reihenfolge ihrer Brisanz.)

1. ....

2. ....

3. ....

4. ....

5. ....

Kapitel 6
Sex

Fünf Gründe dafür, warum das letzte Mal so lange her ist:

1. ....

2. ....

3. ....

4. ....

5. ....

Fünf Gründe, die ich anbringen könnte, um meinen Partner zu überzeugen, es endlich mal wieder zu tun: [64]

1. ....

2. ....

3. ....

4. ....

5. ....

64 Als Folgefrage optional: «Fünf Ideen dafür, wie ich mit Zurückweisung umgehen kann, ohne verbittert und eingeschnappt zu sein».

Fünf Gründe, warum Sex total überbewertet ist:

1. ....

2. ....

3. ....

4. ....

5. ....

Nochmal zehn Gründe, warum Sex einfach total überbewertet und eigentlich völlig überflüssig ist und ich mich davon endlich einmal distanzieren sollte – ich bin ja keine 15 mehr: [65]

1. ....

2. ....

3. ....

4. ....

5. ....

6. ....

7. ....

8. ....

9. ....

10. ....

65 Oh, 'tschuldigung. Du bist 15? Sex ist natürlich das Großartigste der Welt. Doch, wirklich.

Fünf Männer / Frauen aus der Nachbarschaft / dem Büro / dem Sportverein, die sexier sind als mein Partner:

1. ....

2. ....

3. ....

4. ....

5. ....

Was meinen Partner so unvergleichlich macht:

1. ....

2. ....

3. ....

4. ....

5. ....

Körperstellen, an denen ich meinen Partner *sofort* erkennen würde:

1. ....

2. ....

3. ....

4. ....

5. ....

Wenn ich mit rotem Kopf Dessous für meinen Partner in der Wäscheabteilung kaufe und lange brauche, weil ich mich nicht entscheiden kann – die schlagfertigsten Ausreden, um nicht für einen Perversen gehalten zu werden:

1. ....
2. ....
3. ....
4. ....
5. ....

Andere Möglichkeiten, die Sache im Ehebett wieder in Schwung zu bringen: [66]

1. ....
2. ....
3. ....
4. ....
5. ....

66 Als verschärfte Variante: «Wenn ich den Partner durch Geld oder sonst was überzeugen konnte, eine Ehe einzugehen, und nun die Argumente, mit denen ich sonst Sex bekam, plötzlich nicht mehr ziehen – fünf neue Alternativen».

Warum Frauen gut aussehen müssen:

1. ……………………………………………………………

2. ……………………………………………………………

3. ……………………………………………………………

4. ……………………………………………………………

5. ……………………………………………………………

Warum Männer nicht gut aussehen müssen:

1. Geld ……………………………………………………………

(Ah, 'tschuldigung. Ist mit mir durchgegangen. Es gibt ja sicherlich noch mehr Gründe. Nochmal neu:)

1. ……………………………………………………………

2. ……………………………………………………………

3. ……………………………………………………………

4. ……………………………………………………………

5. ……………………………………………………………

Wenn ich kein Geld habe – womit ich den Partner an mich binden könnte:[67]

1. ....

2. ....

3. ....

4. ....

5. ....

Die fünf interessantesten Namen von Pornostars:

1. ....

2. ....

3. ....

4. ....

5. ....

67 Für Frauen entfällt diese Liste, schließlich gibt es hier nur eine, völlig klare Antwort, und damit ist dann alles zu dem Thema gesagt: «1. Sex».

Da Frauen immer die besseren Argumente haben – fünf Tipps für mehr Schlagfertigkeit (siehe auch **Kapitel 7 Partnerschaft**): [68]

1. ....

2. ....

3. ....

4. ....

5. ....

Da die Sex-Witze der Kollegen kein gutes Mittel waren, um meinen Partner ins Bett zu kriegen – mögliche Gesprächsthemen, auf die er sofort anspringt und die die Stimmung aufhellen könnten: [69]

1. ....

2. ....

3. ....

4. ....

5. ....

68 Kann durchaus auch von weiblichen Lesern ausgefüllt werden, die sich ihre privilegierte Situation nochmals deutlich machen wollen.

69 Es gibt wahlweise auch die neutrale bzw. aggressive Variante: «Zehn Gesprächsthemen, auf die er sofort anspringt».

Wie ich meinen Partner rumkriege – fünf allgemeingültige und erprobte Methoden, die bei meinen alten Partnern *immer* funktioniert haben:[70]

1. ....

2. ....

3. ....

4. ....

5. ....

Okay. Dann eben nicht. Musst du selber wissen. Wirst schon sehen. Ich brauch das eh nicht. War nur dir zuliebe … Oder anders gesagt: Wie ich meinen Partner das nächste Mal auflaufen lasse:[71]

1. ....

2. ....

3. ....

4. ....

5. ....

70 Falls man sich verplappert, bitte ergänzen durch: «Warum ich nie wieder den Namen Jessica/Frank o. Ä. in den Mund nehmen darf und welche Erinnerungen an den/die Ex ich in der Wohnung so schnell wie möglich noch beseitigen sollte».

71 Na kommen Sie, solche Trotzreaktionen bringen ja gar nichts. Sie sind doch kein kleines Kind mehr. Bitte nochmals die Frage vornehmen: «Nochmal zehn Tatsachen, warum Sex einfach total überbewertet und eigentlich völlig überflüssig ist und ich mich davon endlich einmal distanzieren sollte – ich bin ja keine 15 mehr».

Sex ist einfach die größte, wunderbarste und faszinierendste Sache der Welt, weil er mich … macht: [72]

1. ....

2. ....

3. ....

4. ....

5. ....

Warum ich immer wieder auf denselben Typ Frau oder Mann reinfalle, obwohl ich es doch mittlerweile besser wissen müsste:

1. ....

2. ....

3. ....

4. ....

5. ....

Welche Themen in der Kolumne «Sexualität & Partnerschaft» in Frauen- oder Männerzeitschriften wirklich neu sind:

1. .... [73]

72 Um den positiven Effekt des Ganzen nochmals in den Vordergrund zu rücken …

73 Ach was. Nicht mal das. Aber rhetorische Fragen sind so manipulativ.

Kapitel 7
Die Partnerschaft

Fünf Gründe, warum ich mit meinem Partner zusammen bin:

1. ....

2. ....

3. ....

4. ....

5. ....

Fünf Gründe, warum ich mit meinem Partner wirklich zusammen bin – die er aber nie erfahren darf: [74]

1. ....

2. ....

3. ....

4. ....

5. ....

74 Fallen hier mehr als fünf Antworten an, bitte folgende Frage zusätzlich beantworten: «Warum ich nicht endlich Schluss mache». Und: «Rücksicht auf seine Gefühle» ist ein feiges Argument, das zählt nicht.

Fünf Verflossene, mit denen ich jetzt bestimmt eine bessere Beziehung / Partnerschaft / Ehe als die jetzige führen würde, wenn ich es nicht verbockt hätte / sie mich nicht einfach herzlos sitzengelassen hätten, Schweine, die:

1. ....

2. ....

3. ....

4. ....

5. ....

Ach, scheiße. ....

6. ....

7. ....

8. ....

9. ....

10. ....

Fünf Gründe, warum mein Partner nervt:[75]

1. ....
2. ....
3. ....
4. ....
5. ....
6. ....
7. ....
8. ....
9. ....
10. ....
11. ....
12. ....
13. ....
14. ....
15. ....
16. ....
17. ....
18. ....
19. ....
20. ....

75 Sollten Sie mit weniger auskommen: Herzlichen Glückwunsch!

Und, fairerweise, fünf Eigenschaften von mir, die er nicht leiden kann: [76]

1. ....

2. ....

3. ....

4. ....

5. ....

Warum ich mich nicht trenne:

1. ....

2. ....

3. ....

4. ....

5. ....

76 Wenn Sie merken, dass Sie großen Spaß und ein gewisses Gefühl der Häme beim Ausfüllen dieser Liste haben, sollten Sie a) Ihren Hormonhaushalt kontrollieren, b) ein Aggressionstraining machen oder c) in Fußnote 55 schauen und Ihre Antworten auf die Frage nochmals ehrlich überprüfen.

Nochmal zur Rekapitulation – warum ich damals geheiratet habe / diese Beziehung eingegangen bin: [77]

1. ....

2. ....

3. ....

4. ....

5. ....

Fünf unvergessene Momente aus den Anfangstagen meiner Beziehung:

1. ....

2. ....

3. ....

4. ....

5. ....

Hach, Mensch, was war das schön, damals.

1. Ja. ....

77 Sie können auch die Formulierung «… mit diesem obskuren Schlamassel überhaupt angefangen habe» benutzen, wenn Ihnen das entgegenkommt.

Und – Hand aufs Herz – warum ist es jetzt anders?[78]

1. ....

2. ....

3. ....

4. ....

5. ....

Womit ich meinen Partner auch heute noch beeindrucke:[79]

1. ....

2. ....

3. ....

4. ....

5. ....

Was mein Partner letztens Tolles für mich gemacht hat:

1. ....

2. ....

3. ....

4. ....

5. ....

78 Unreflektierte Menschen dürfen auch die rhetorische Frage stellen: «Wer hat sich jetzt geändert – mein Partner oder ich?»

79 Sind Sie sicher? Oder reichen da nicht nur zwei Punkte? Und: «Gewalt» ist keine zulässige Antwort.

Was, wenn er / sie «nein» zum Trennungsvorschlag sagt:[80]

1. ....

2. ....

3. ....

4. ....

5. ....

Fünf Tipps für ein romantisches Wochenende:[81]

1. ....

2. ....

3. ....

4. ....

5. ....

80 Müssen Sie auch nur ausfüllen, falls Ihnen bei der vorangehenden Liste nichts eingefallen ist.

81 Damit es allgemeinverständlich ist – das bedeutet: ohne Kinder, ohne Arbeit. Also auch: ohne Kontrollanrufe (egal, ob bei Kindern oder im Büro).

Fünf Anfänge für Liebesbriefe: [82]

1. ....

2. ....

3. ....

4. ....

5. ....

Warum ich immer die falschen Geschenke mache: [83]

1. ....

2. ....

3. ....

4. ....

5. ....

82 Bitte diesmal nicht aus dem Phrasenbuch abschreiben. Nein, das Internet gilt auch nicht. Selbst ausdenken und formulieren!

83 Auch wenn Sie das anders sehen – nehmen Sie doch ausnahmsweise einmal den Standpunkt Ihres Partners ein. Würde ihm das tatsächlich gefallen, oder ist das ein Punkt für die Liste «Wie ich Geschenke mache, von denen ich selbst profitiere»? Vgl. Seite 130.

In welchen Eigenschaften ähneln sich mein Partner und mein Vater / meine Mutter?[84]

1. ....

2. ....

3. ....

4. ....

5. ....

Und worin bestehen die Unterschiede?[85]

1. ....

2. ....

3. ....

4. ....

5. ....

84 Und vielleicht noch viel interessanter und aufschlussreicher: «Worin bestehen die Ähnlichkeiten zwischen mir und meiner Schwiegermutter / meinem Schwiegervater?» Falls Sie hier nichts finden sollten, könnte dies auch eine sehr aufschlussreiche Aussage sein, aber ich will Ihrer Paartherapie nicht vorgreifen …

85 Bitte auf die beiden vorangehenden die folgende Frage beantworten: «Und was macht mir jetzt mehr Sorgen?»

Sinnlose Dinge, die mein Partner aus irgendwelchen unerfindlichen Gründen ständig kauft, obwohl sie zu nichts zu gebrauchen sind, in der Reihenfolge ihrer sinnfreien Idiotie (siehe auch **Kapitel 4 Freizeit**):

1. ....

2. ....

3. ....

4. ....

5. ....

Wenn ich die Hosen in der Beziehung anhätte, würde ich Folgendes tun (in der Reihenfolge der Dringlichkeit):[86]

1. ....

2. ....

3. ....

4. ....

5. ....

86 Falls Sie denken: «Ich habe die Hosen an» – bitte die Liste des Partners überprüfen. Falls er das Gleiche denkt: Herzlichen Glückwunsch! Sie haben entweder eine tolle Beziehung oder stehen kurz vor einem heftigen Streit!

Der Satz «Andere Mütter haben auch schöne Töchter» nützt mir überhaupt nichts, weil:

1. ....

2. ....

3. ....

4. ....

5. ....

Was die Emanzipation tatsächlich geleistet und bewegt hat: [87]

1. ....

2. ....

3. ....

4. ....

5. ....

Männer und Sport, Frauen und Telefon – fünf weitere, aber weniger klischierte Begriffspaare, die unbedingt zusammengehören:

1. ....

2. ....

3. ....

87 Im Fall eines gemeinschaftlichen Ausfüllens – bitte nach Geschlechtern getrennt auswerten!

4. ....

5. ....

Auf welche Rollenklischees ich noch immer reinfalle / bestehe:

1. ....

2. ....

3. ....

4. ....

5. ....

Warum es besser ist, eine Frau zu sein: [88]

1. ....

2. ....

3. ....

4. ....

5. ....

88 Jetzt bitte wieder entspannen, einmal nachdenken und mit vorhergehender Liste vergleichen. Danke.

Kapitel 8
Familie

102 Warum Kinder:[89]

1. ....
2. ....
3. ....
4. ....
5. ....

Warum besser keine Kinder:

1. ....
2. ....
3. ....
4. ....
5. ....
6. ....
7. ....
8. ....
9. ....

89 Die Frage kann auch umschrieben werden mit: «Warum ich nicht die Hosen anhabe».

10. ……………………………………………………………………

11. ……………………………………………………………………

12. ……………………………………………………………………

13. ……………………………………………………………………

14. ……………………………………………………………………

15. ……………………………………………………………………

Wenn es doch passiert ist – fünf Ideen, wie ich mich aus der Verantwortung stehlen kann:

1. ……………………………………………………………………

2. ……………………………………………………………………

3. ……………………………………………………………………

4. ……………………………………………………………………

5. ……………………………………………………………………

Warum Kinder natürlich das absolut Großartigste auf der Welt sind: [90]

1. ……………………………………………………………………

2. ……………………………………………………………………

3. ……………………………………………………………………

4. ……………………………………………………………………

5. ……………………………………………………………………

90 Falls Sie mehr auf die vorige Frage anspringen – Sie müssen diese Liste nicht ausfüllen. Ich will Sie nicht umstimmen!

Die Namenliste – wie ich mein Kind auf keinen Fall nennen würde:

1. ....

2. ....

3. ....

4. ....

5. ....

Die Namenliste – wie ich mein Kind gern nennen würde:[91]

1. ....

2. ....

3. ....

4. ....

5. ....

91 Bei Paaren kurz vor der Geburt bitte getrennt ausfüllen und von einem neutralen Dritten auswerten lassen, das mindert das Streitrisiko.

Wie ich die ersten Jahre der Kinder überstehe, ohne wahnsinnig, schlafsüchtig, nervenkrank und zum Wrack zu werden – einige Tipps, Ideen, Visionen und irrige Traumvorstellungen:

1. ....

2. ....

3. ....

4. ....

5. ....

Wenn nichts davon hilft – wie ich dem Ehekrach mit dem wahnsinnigen, schlafsüchtigen und nervenkranken Partner aus dem Weg gehe:

1. ....

2. ....

3. ....

4. ....

5. ....

Gute Gesichtsausdrücke, wenn ich selbstgemalte Bilder der Kinder geschenkt bekomme (bitte nicht handschriftlich ausfüllen, sondern Fotos hier einkleben!):

Wie ich die wahnsinnigen, schlafsüchtigen und nervenkranken Kinder ruhigstelle: [92]

1. ....

2. ....

3. ....

4. ....

5. ....

Wie ich Kinder dazu bringen kann, mit dem Weinen aufzuhören: [93]

1. ....

2. ....

3. ....

4. ....

5. ....

92 Sich selbst totstellen funktioniert nur ein paar Minuten und zählt daher nicht!

93 Für Profis: «Wie ich Kinder dazu bringen kann, mit dem Weinen aufzuhören – ohne Schokolade zu benutzen».

Kindergarten: Wie ich es vermeiden kann, bei den Sommerfesten mitzuhelfen, ohne dass das Kind es später ausbaden muss:

1. ....

2. ....

3. ....

4. ....

5. ....

Was ich mit den anderen Vätern reden kann, die ebenfalls ihre Söhne auf dem Fußballplatz beobachten (Floskeln, Gesprächsthemen usw.):

1. ....

2. ....

3. ....

4. ....

5. ....

Beim Ballett: neutrale Gesprächsthemen mit den anderen Müttern, die ihre Töchter beobachten, ohne dass es auf einen Konkurrenzkampf hinausläuft:

--- ....

Wenn mein Kind böse gefoult wird (beim Fußball, nicht beim Ballett) – mögliche Reaktionen dem Vater des anderen Dreckbengels gegenüber:

1. ....

2. ....

3. ....

4. ....

5. ....

Alternativen für den Fall, dass der Vater aussieht wie ein Preisboxer:[94]

1. ....

2. ....

3. ....

4. ....

5. ....

94 Vermeiden Sie es bitte, folgende Frage beantworten zu müssen: «Wenn ich vor den Augen meines Kindes verprügelt worden bin – fünf Möglichkeiten, wie ich in seinem Ansehen wieder steigen kann».

Wenn mein Kind böse gefoult wird (beim Ballett, nicht beim Fußball) – mögliche Reaktionen der Dreckschlampe von Mutter gegenüber (ohne Kneifen und Kratzen):

1. ....

2. ....

3. ....

4. ....

5. ....

Glaubwürdige Ausreden für zu Hause, wenn man mit einem blauen Auge und einem verstockten Sohn / Tochter vom Fußballspielen / Ballett zurückkommt:

1. ....

2. ....

3. ....

4. ....

5. ....

Gute Psychologen in der Nähe des Wohnortes (für die Pubertät):

1. ....

2. ....

3. ....

4. ....

5. ....

Nein, falsch. Ich sag es deutlicher: Gute *Kinder- und Jugendpsychologen* in der Nähe des Wohnortes (für die Pubertät):[95]

1. ....

2. ....

3. ....

4. ....

5. ....

95 *Sie* sollten doch längst versorgt sein, oder?

Wenn ich mit meiner Tochter aus der Toilettenkabine komme und für einen Pädophilen gehalten werde – fünf Ausreden, die man mir auch wirklich glaubt:

1. ....

2. ....

3. ....

4. ....

5. ....

Wie ich als Mann ein rosa Kleidchen (für meine Tochter!!!) kaufe, ohne mich zu blamieren:

1. ....

2. ....

3. ....

4. ....

5. ....

Wie ich als Frau Barbiepuppen (für meine Tochter! Nicht für den Sohn!!!!!!!!!!) kaufe, ohne selbst eine für mich zu kaufen:

1. ....

2. ....

3. ....

4. ....

5. ....

Welche Eigenschaften meine Kinder unbedingt von mir erben sollen:

1. ....

2. ....

3. ....

4. ....

5. ....

Welche auf keinen Fall?

1. ....

2. ....

3. ....

4. ....

5. ....

Und was soll mein Kind von meinem Partner erben?

1. ....

2. ....

3. ....

4. ....

5. ....

Wie ich es als Frau verkrafte, dass meine Tochter den Gang, die Beine und den Po meines Mannes geerbt hat:

1. Gar nicht. ....

Preiswerte Möglichkeiten, um das Selbstbewusstsein meiner Tochter wieder aufzupolieren (d. h. ohne Kosmetiksalons, Friseure, Boutiquen und Schuhläden, also sozusagen die Waldorf-Variante):

1. ....

2. ....

Puh. ....

3. ....

... .

Ich geb auf. ....

Möglichkeiten, um das Selbstbewusstsein meiner Tochter wieder aufzupolieren:

1. ....

2. ....

3. ....

4. ....

5. ....

6. ....

7. ....

8. ....

9. ....

10. ....

11. ....

12. ....

13. ....

14. ....

15. ....

16. ....

17. ....

17. ....

18. ....

19. ....

20. ....

21. ....

22. ....

23. ....

24. ....

25. ....

26. ....

27. ....

28. ....

29. ....

30. ....

Das Elterngespräch in der Schule – erfolgreiche Strategien dafür, wie ich vorgaukeln kann, dass zu Hause alles super läuft:

1. ....

2. ....

3. ....

4. ....

5. ....

Wenn die Lehrerin / der Lehrer des Kindes ein Sexsymbol für mich ist – welche unauffälligen Möglichkeiten habe ich, in ihre / seine Nähe zu kommen:

1. ....

2. ....

3. ....

4. ....

5. ....

Wie gehe ich damit um, wenn die Lehrerin / der Lehrer des Kindes ein Sexsymbol für meinen Partner ist:

1. ....

2. ....

3. ....

4. ....

5. ....

Wenn ein öffentlich ausgetragener Streit auf dem Elternabend den guten Familieneindruck zunichtegemacht hat – wie ich mich meinem Ehepartner und dem Kind gegenüber loyal verhalte und trotzdem den Anschein erwecke, dass ich nicht schuld an dem Ganzen, sondern verdammt schlau, toll und noch zu haben bin:

1. ....

2. ....

3. ....

4. ....

5. ....

Wenn ich Hausverbot in der Schule meines Kindes habe – Ausreden, mit denen ich meinem Nachkommen glaubwürdig vorgaukeln kann, dass ich diesmal einfach nicht zu seinem Klassenspiel / Theatervorspiel / Abschlussarbeit / Abiturball kommen kann, obwohl ich natürlich «doch eigentlich unbedingt will»:

1. ....
2. ....
3. ....
4. ....
5. ....

Wie ich mein Geld am besten anlegen kann, um den Kindern später einmal das Studium zu finanzieren:

1. ....
2. ....
3. ....
4. ....
5. ....

Wenn die Blagen nicht einmal die Mittelschule schaffen – fünf Ideen, was ich sonst mit dem Geld anfangen könnte:

1. ....

2. ....

3. ....

4. ....

5. ....

Wie viele Fehlversuche die Kinder beim Abitur haben:

....

Gute Ausreden dafür, warum ich selbst einmal sitzengeblieben bin:

1. ....

2. ....

3. ....

4. ....

5. ....

Wenn mein Sohn nach der Schule nicht weiß, was er werden soll – fünf mögliche Berufswünsche, die ich ihm nahelegen würde:

1. ....

2. ....

3. ....

4. ....

5. ....

Berufe, bei denen man ihn – und schauen wir uns in die Augen, ganz ehrlich – realistischerweise auch nehmen würde:[96]

1. ....

2. ....

96 Wenn Sie hier über zwanzig Möglichkeiten angeben wollen, weil Ihr Kind einfach so wunderbar und phantastisch ist, dass es kaum auszuhalten ist, können Sie auch gleich hier Ihr Kreuzchen machen:
3. Präsident der Vereinigten Staaten von Amerika.

Wenn meine Tochter nach ihrem erfolgreichen Abschluss auf einer Elite-Privatschule den Wunsch äußert, Kosmetikerin werden zu wollen – Tipps, wie ich die Haltung bewahren kann und nicht komplett durchdrehe:[97]

1. ....
2. ....
3. ....
4. ....
5. ....

Wenn mein Kind wider Erwarten doch einmal reich und mächtig wird – fünf Strategien dafür, wie ich ihm glaubhaft machen kann, dass es eine glückliche Kindheit und liebende Eltern gehabt hat:

1. ....
2. ....
3. ....
4. ....
5. ....

97 Für eine etwaige andere Familienkonstellation: «Wenn *mein Sohn* den Wunsch äußert, Kosmetikerin werden zu wollen – Strategien für eine möglichst besonnene Reaktion».

Wie ich möglichst elegant betteln kann, ohne mein Gesicht zu verlieren:

1. ....

2. ....

3. ....

4. ....

5. ....

Warum früher alles besser war (siehe auch **Kapitel 3, 5, 6, 7, 8, 9, 10, 12**):[98]

1. ....

2. ....

3. ....

4. ....

5. ....

98 Für die Misanthropen unter Ihnen – Sie können die Liste mühelos auf 50 Punkte verlängern, indem Sie ein DIN-A4-Blatt einkleben und per Hand weiternummerieren.

Vornamen von Tagesmüttern, zu denen ich mein Kind garantiert *nicht* geben werde:

1. ....

2. ....

3. ....

4. ....

5. ....

Wenn ich mein Kind zur Betreuung in fremde Hände[99] gegeben habe – wie ich das Gefühl, ich hätte als Mutter versagt, erfolgreich verdrängen kann:[100]

1. ....

2. ....

3. ....

4. ....

5. ....

99 Fremde Hände sind u. a.: Kindergärtnerin, Kinderfrau, Oma, Schwiegermutter, Ehemann, Tagesmutter, Au-pair, Nachbarin, der Kioskbesitzer von gegenüber.

100 Gilt natürlich auch für Ehemänner. Falls Sie sich vorher um Ihr Kind gekümmert haben. Und nun die Mutter der Meinung ist, dass das Kind anderswo – egal, wo! – besser aufgehoben ist als bei Ihnen.

Wenn das Kind zum ersten Mal «Mama» / «Papa» sagt und nicht mich, sondern jemand anderen[101] meint – welche Maßnahmen ich ergreife, nachdem ich die Tränen runtergeschluckt habe:

1. ....

2. ....

3. ....

4. ....

5. ....

Für alle Fälle – fünf genetische Merkmale meines Kindes, die sofort und ein für alle Mal klarstellen, dass nur ich der Vater / die Mutter sein kann – und nicht etwa der Kioskmann von gegenüber:

1. ....

2. ....

3. ....

4. ....

5. ....

101 Z. B. die Kindergärtnerin, Kinderfrau, Oma, Schwiegermutter, Stiefvater, Tagesmutter, Au-pair, Nachbarin oder den Kioskbesitzer von gegenüber.

Kapitel 9
Freundschaft

126 Meine wirklich richtig echten, also so ganz engen Freunde: [102]

1. ....

Kumpels oder entfernte Bekannte, die ich notfalls auch noch dazuzählen könnte, damit die Liste nicht ganz so mau aussieht:

1. ....
2. ....
3. ....
4. ....
5. ....

102 Es ist Absicht, dass es hier nur eine Antwortmöglichkeit gibt, ich habe mich nicht vertippt. Nein.

Warum es so schwierig ist, Freundschaften zu halten, zu pflegen oder überhaupt erst zu beginnen:

1. ....

2. ....

3. ....

4. ....

5. ....

Liegt es an mir? Bitte ankreuzen:

- ☐ Nein.[103]
- ☐ Ja.[104]

Warum Männer keine Freunde brauchen:[105]

1. ....

2. ....

3. ....

4. ....

5. ....

103 Obwohl – ein bisschen Selbstkritik könnte wirklich nicht schaden.

104 Obwohl – ein bisschen Fremdkritik könnte wirklich nicht schaden.

105 Sie können die Liste auch umbenennen: «Fünf prägnante und überzeugende Vorteile der Einsamkeit».

Als Frau: Welchen meiner Freundinnen traue ich – Hand aufs Herz – nicht wirklich hundertprozentig über den Weg und warum: [106]

1. ....

2. ....

3. ....

4. ....

5. ....

Wie ich leichter Freunde gewinnen kann – fünf Tipps, um freundlich, rücksichtsvoll und pflegeleicht zu erscheinen: [107]

1. ....

2. ....

3. ....

4. ....

5. ....

106 Kommen Sie, wir erinnern uns alle daran, dass … letztens dem Partner von … so schöne Augen gemacht hat – wer sagt uns denn, dass sie nicht auch unserem … Aber gut, ich will ja nicht vorgreifen.

107 Oder anders formuliert: «Welche negativen Eigenschaften von mir sollte ich am besten verbergen».

Fünf Ideen für Geschenke, die ich meinem besten Freund machen kann, obwohl alle Läden schon geschlossen sind, ich in drei Minuten da sein muss und schon das dritte Jahr hintereinander den Geburtstag vergessen habe:

1. ....

2. ....

3. ....

4. ....

5. ....

Fünf außergewöhnliche Biersorten, die ich bei der Tankstelle um die Ecke kaufen kann:

1. ....

2. ....

3. ....

4. ....

5. ....

Fünf Ideen, wie ich die Flasche Billigsekt vom Kiosk als Geburtstagsgeschenk verschönern kann, ohne dass es peinlich wird:

1. ....

2. ....

3. ....

4. ....

5. ....

Wie ich Geschenke mache, von denen ich selbst profitiere:[108]

1. ....

2. ....

3. ....

4. ....

5. ....

108 Oder auch: «Wem ich Geschenke mache …».

Welche Gutscheine ich von meinen Bekannten schon bekommen und nie eingelöst habe:

1. ....
2. ....
3. ....
4. ....
5. ....
6. ....
7. ....
8. ....
9. ....
10. ....

Fünf Gutscheine, die ich selbst schon verschenkt habe, die aber noch nicht eingelöst wurden: [109]

1. ....
2. ....
3. ....
4. ....
5. ....

109 Bitte auch folgende Liste ausfüllen: «Und warum es den arroganten Snobs womöglich nicht gefallen hat».

Fünf Ideen für einen idealen Männerabend:

1. ....

2. ....

3. ....

4. ....

5. ....

Fünf Ideen für einen idealen Frauenabend: [110]

1. ....

2. ....

3. ....

4. ....

5. ....

110 Es gibt wohl kaum ein Beispiel, dass die zentralen Unterschiede und Unvereinbarkeiten zwischen den Geschlechtern noch präziser, eingängiger und plakativer veranschaulichen könnte als diese beiden aufeinanderfolgenden Listen, oder? Brillant, würde ich sagen, doch, wirklich.

Warum meine Männerabende entweder in Krawall oder Beziehungsstreit oder / und vor der Polizei enden – fünf legendäre Beispiele aus den vergangenen Jahren:

1. ....

2. ....

3. ....

4. ....

5. ....

Weißt du noch, als ... tatsächlich ... hat / ist?[111]

1. ....

2. ....

3. ....

4. ....

5. ....

111 Ja, aber zum Glück ist es wieder verheilt / er wieder aus dem Gefängnis / war der Swimmingpool voll Wasser usw.

Wenn meine Frau / Freundin vom Frauenabend nach Hause kommt, wird sie sofort folgende Themen ansprechen: [112]

1. ....

2. ....

3. ....

4. ....

5. ....

Auf Partys war es ja früher in der Küche immer am besten – warum ich neuerdings immer bei den Langweilern im Wohnzimmer sitze:

1. ....

2. ....

3. ....

4. ....

5. ....

112 Oder auch: «Wie ich mich glaubhaft schlafend / krank / tot stellen kann und andere Ideen, wie ich dem Wortschwall entgehen könnte». Oder auch: «Welche Themen mich davon wirklich interessieren».

Warum ich immer die falschen Geschenke bekomme:

1. ....

2. ....

3. ....

4. ....

5. ....

Was tue ich, wenn ich feststelle, dass ich alle meine Freunde doof finde:

1. ....

2. ....

3. ....

4. ....

5. ....

Welche Beziehungen ich in der letzten Zeit vernachlässigt habe:

1. ....

2. ....

3. ....

4. ....

5. ....

Fünf Ausreden für den Fall, dass mein Freund (z. B. beim Umzug) etwas bei mir findet, das ich ihm vor zehn Jahren gestohlen[113] habe:

1. ....

2. ....

3. ....

4. ....

5. ....

Essen gehen mit Freunden – wie ich es beim Zahlen vermeiden kann, entweder als Geizhals dazustehen oder übervorteilt zu werden:[114]

1. ....

2. ....

3. ....

4. ....

5. ....

113 «Heimlich entwendet», «aus Versehen in meiner Tasche mitgenommen», «ehrlich, es war plötzlich in meiner Spielzeugkiste» und «nein, diese CD habe ich mir selbst gekauft, ich schwöre!» sind auch alles nur schlechte Umschreibungen für Ihren Diebstahl!

114 Oder vielmehr: «Welche angeblichen Freunde mich bei solchen Gelegenheiten immer hemmungslos ausnehmen, die alten Schmarotzer, die».

Wenn mich die Partner meiner Freunde aber auch so gar nicht interessieren, diese aber ständig Gegenstand der Unterhaltung / Mitbringsel bei gemeinsamen Treffen / mit am Telefon sind – fünf Strategien für ein nachhaltiges Verhalten:

1. ....

2. ....

3. ....

4. ....

5. ....

Die Fähnlein-im-Wind-Liste (für all diejenigen, denen ich eine Meinungsänderung nicht zugestehe):

1. ....

2. ....

3. ....

4. ....

5. ....

Fünf Menschen, an die ich mich noch aus der Schulzeit[115] erinnern kann und warum:

1. ....

2. ....

3. ....

4. ....

5. ....

Fünf Menschen, die sich sicherlich noch an mich erinnern werden – und die Gründe dafür:[116]

1. ....

2. ....

3. ....

4. ....

5. ....

115 Für diejenigen, die noch in der Schule sind: «Fünf Menschen aus dem Kindergarten …».

116 Versuchen Sie bitte, nicht die schlimmen Erinnerungen an z. B. «Kevin, der mich jede Zehnminutenpause abgepasst und verkloppt hat» aus der obigen Liste zu wiederholen. Suchen Sie sich was Schönes. Also, ich hoffe ja mal, dass es irgendwas für Sie gab, damals. Nicht? Nein? Oh … tut mir leid.

Kapitel 10
Glück und Gesundheit

Die fünf glücklichsten Momente der letzten Woche:

1. ....
2. ....
3. ....
4. ....
5. ....

Okay, die fünf glücklichsten Momente des letzten Monats:

1. ....
2. ....
3. ....
4. ....
5. ....

Pfh … die fünf glücklichsten Momente des letzten Jahres:

1. ....

2. ....

3. ....

4. ....

5. ....

Was ist Glück überhaupt?[117]

1. ....

2. ....

3. ....

4. ....

5. ....

117 Oder wahlweise – für Fortgeschrittene: «Fünf philosophische Definitionen des Gemütszustandes für Anfänger wie mich».

Obwohl mir dieser ganze Esoterik-Schwachsinn auf die Nerven geht, kann ich trotzdem nicht an … vorbeigehen / glaube ich trotzdem heimlich an …

1. ....

2. ....

3. ....

4. ....

5. ....

Was mich glücklich macht – in der Reihenfolge des wahrscheinlichen Eintretens:

1. ....

2. ....

3. ....

4. ....

5. ....

Was mich glücklich macht – und was ich jetzt sofort tun oder veranlassen kann:

1. ....

2. ....

3. ....

4. ....

5. ....

Wow! ....

6. ....

7. ....

8. ....

9. ....

10. ....

«Aber Hauptsache, du bist gesund!» – fünf schöne Variationen des Spruchs:

1. ....

2. ....

3. ....

4. ....

5. ....

Wenn ich krank und nicht ganz unschuldig daran bin – was ich besser hätte bleiben lassen:[118]

1. ....

2. ....

3. ....

4. ....

5. ....

Fünf Gründe, warum es okay ist, dass ich mich auch als Erwachsener noch immer mit einer angeblichen Krankheit vor schwierigen Terminen drücken will:

1. ....

2. ....

3. ....

4. ....

5. Wieso, da ist doch nichts dabei.

118 Siehe auch Folgendes: «Krank im Bett mit Gipsbein – fünf bekannte Persönlichkeiten, deren Gesichtsausdrücke ich mit meinen Zehen nachspielen kann».

Fünf brillante Tricks, um Krankheiten zu simulieren:[119]

1. ....

2. ....

3. ....

4. ....

5. ....

Kostenlose Schönheitsoperationen hin oder her – fünf Dinge an mir, die unbedingt so bleiben müssen, wie sie sind:

1. ....

2. ....

3. ....

4. ....

5. ....

119 Womöglich getrennt von Eltern / Lebensabschnittspartner und auf jeden Fall ohne die Kinder ausfüllen!

Schönheitsoperation-Checkliste Teil 2: Was weg / neu / anders muss:

Füße: ....

Nase: ....

Augen: ....

Brust: ....

Po: ....

Ellenbogen: ....

Bauch: ....

Ohren: ....

Oberschenkel: ....

Oberarme (nur Männer): ....

Welche meiner Träume schon zerplatzt sind – und warum es eigentlich nicht schlimm war: [120]

1. ....

2. ....

3. ....

4. ....

5. ....

120 Der Nachsatz ist extra für die weichen Gemüter, ich will hier schließlich niemanden deprimieren. Nihilisten / Melancholiker / Zeugen Jehovas streichen den Kuschelsatz bitte.

In welchen Dingen meine Generation einfach immer nur benachteiligt worden ist, wo sie immer zu spät kam und warum die anderen es immer leichter hatten:

1. ……………………………………………………………

2. ……………………………………………………………

3. ……………………………………………………………

4. ……………………………………………………………

5. ……………………………………………………………

Positiv denken! – Was mich glücklich macht:

1. ……………………………………………………………

2. ……………………………………………………………

3. ……………………………………………………………

4. ……………………………………………………………

5. ……………………………………………………………

Fünf Dinge, die ich nicht verschwenden sollte:

1. ……………………………………………………………

2. ……………………………………………………………

3. ……………………………………………………………

4. ……………………………………………………………

5. ……………………………………………………………

An welchen Anzeichen (außer an dem unkontrollierten Haarwuchs an obskuren Stellen) ich ablesen kann, dass ich alt werde:

1. ....

2. ....

3. ....

4. ....

5. ....

Wo es sonst noch wehtut:

1. ....

2. ....

3. ....

4. ....

5. ....

Angenommen, ich bin vierzig – was ich bis jetzt alles erreicht habe:[121]

1. ....

2. ....

3. ....

4. ....

5. ....

6. ....

7. ....

8. ....

9. ....

10. ....

Und was jetzt einfach noch sein muss:

1. ....

2. ....

3. ....

4. ....

5. ....

121 Ja, das ist schon eine Hammer-Frage. Zugegeben. Aber schließlich haben Sie ja mittlerweile Übung. Und Sie sind ja auch nicht mehr im Kindergarten. Also: Los geht's!

Wie ich sein werde, wenn ich alt bin: [122]

1. ....

2. ....

3. ....

4. ....

5. ....

Welche von meinen Beauty-Produkten benötige ich wirklich? [123]

1. ....

2. ....

3. ....

4. ....

5. ....

122 Nein, da steht ausdrücklich: «wenn ich alt bin» – und damit meine ich nicht Ihr jetziges Alter!

123 Für Männer und andere, denen der Begriff «Beauty-Produkt» nicht geläufig oder wenig sympathisch ist – wäre «Toiletten-Artikel» genehmer?

Kapitel 11
Religion

150 Fünf Götter: [124]

1. ....

2. ....

3. ....

4. ....

5. ....

Zehn Gründe dafür, warum einen ein solches Kapitel nicht weiterbringt, es sei denn, man will Ärger mit den Taliban oder dem Papst o. Ä., deswegen mache ich es jetzt auch kurz:

1. ....

124 Sie müssen ja nicht an alle glauben, die Liste dient nur der Schärfung Ihrer Weltsicht und Toleranz.

Wann ich die letzten Male in der Kirche war: [125]

1. ....

2. ....

3. ....

4. ....

5. ....

Wann ich das letzte Mal *freiwillig* in einer Kirche war:

1. ....

Welche Kirchenlieder ich auswendig kenne (zumindest die erste Zeile):

1. ....

2. ....

3. ....

4. ....

5. ....

125 Wenn Sie jetzt nur Jahreszahlen hinschreiben, sollten Sie wirklich mal überlegen, ob Sie nicht austreten wollen. Ach so – Sie brauchen noch einen Kindergartenplatz für Ihr Blag? Dann hab ich nichts gesagt.

Wenn ich heirate oder einen Kindergarten suche – wie ich meinen gesamten Freundeskreis von meiner neuen Einstellung den «Kirchensteuerabzockern» gegenüber überzeugen kann:[126]

1. ....

2. ....

3. ....

4. ....

5. ....

In der Kirche / Glaubenshaus / Moschee / Tempel – woran ich merke, wann ich aufstehen, knien, meine Schuhe ausziehen oder zum Gebetbuch greifen muss:

1. ....

2. ....

3. ....

4. ....

5. ....

126 Siehe auch die «Fähnlein-im-Wind-Liste» **in Kapitel 9 Freundschaft**. Bitte notfalls überarbeiten.

Bei meiner Trauung – was könnte schlimmstenfalls passieren? [127]

1. ....

2. ....

3. ....

4. ....

5. ....

Hochzeit: Die grauenhaften Geschenke, die Sie wahrscheinlich aus dem Keller / aus Hongkong oder sonst wie zusammengeklaubt oder einem blinden Maler gestohlen haben – fünf Dankessprüche, die mein Entsetzen gut verbergen:

1. ....

2. ....

3. ....

4. ....

5. ....

127 Hier sind eigentlich so Dinge gemeint wie: «Ohnmächtig zu werden», und nicht: «Er / sie sagt ‹ja›».

Die vielen fremden Gesichter auf meiner Hochzeit – die wichtigsten der ganzen Erbonkels, verschwippschwagerten Tanten und der restlichen buckligen Verwandtschaft (bitte Fotos einkleben und auswendig lernen!):

Kapitel 12
Leben

Falls Sie mal ganz besonders trickreich sein wollen:

Listen:

1. ....
2. ....
3. ....
4. ....
5. ....

Tücken:

1. ....
2. ....
3. ....
4. ....
5. ....

Zehn Gründe dafür, warum es toll ist, alt zu werden:

1. ....
2. ....

Na gut, wenigstens fünf?

3. ....

4. ....

5. ....

Fünf Gründe, warum ich der Jugend nicht hinterhertrauern sollte:

1. ....

2. ....

3. ....

4. ....

5. ....

Fünf Entschuldigungen, warum ich es doch tue, obwohl ich weiß, dass es sinnlos ist:

1. ....

2. ....

3. ....

4. ....

5. ....

Andererseits – was ich alles besser *nicht* getan hätte, als ich jung war:

1. ....

2. ....

3. ....

4. ....

5. ....

Andere Dinge, die ich besser nicht getan hätte, obwohl ich da schon längst nicht mehr jung war:

1. ....

2. ....

3. ....

4. ....

5. ....

Andere Dinge, die ich besser nicht getan hätte (die *offizielle* Liste, die auch Ehefrau, Kinder, Freunde und der Erbonkel lesen dürfen):

1. ....

2. ....

3. ....

4. ....

5. ....

Fünf Sachen, die ich verdammt richtig gemacht habe – jawohl! Wow! Chaka!

1. ....

2. ....

3. ....

4. ....

5. ....

Und nochmal zehn!

1. ....

2. ....

3. ....

4. ....

5. ....

6. ....

7. ....

8. ....

9. ....

10. ....

Selbstüberschätzung und Arroganz – wer noch ichbezogener ist als ich? [128]

1. ....

2. ....

3. ....

4. ....

5. ....

Worin ich mich immer überschätze:

1. ....

2. ....

3. ....

4. ....

5. ....

Was ich einmal werden möchte, wenn ich groß bin:

1. ....

2. ....

3. ....

4. ....

5. ....

128 Vorsicht! Gemeinschaftliches Ausfüllen kann zu Diskussionen in der Partnerschaft führen.

Was davon realistisch ist:

1. ....

Wenn alles so gelaufen ist, wie ich es geplant hatte, und trotzdem alles scheiße ist – fünf mögliche Gründe, woran es liegen könnte:[129]

1. ....
2. ....
3. ....
4. ....
5. ....

Was an der Mittelschicht so grauenhaft ist:[130]

1. ....
2. ....
3. ....
4. ....
5. ....

129 Falls Sie schreiben: «Es war ein Scheißplan» – mein Beileid.

130 Eigentlich nur lohnenswert auszufüllen, wenn man selbst der Mittelschicht angehört. Für Anhänger des Kastensystems bitte indische Ausgabe dieses Buches benutzen.

Warum ich so frustriert bin (siehe auch **Kapitel 1, 2, 3, 4, 5, 6, 7, 8, 9, 10, 11, 13**):

1. ………………………………………………………………
2. ………………………………………………………………
3. ………………………………………………………………
4. ………………………………………………………………
5. ………………………………………………………………

Für was ich einmal berühmt sein möchte:

1. ………………………………………………………………
2. ………………………………………………………………
3. ………………………………………………………………
4. ………………………………………………………………
5. ………………………………………………………………

Wie ich einmal die Welt retten würde: [131]

1. ………………………………………………………………
2. ………………………………………………………………
3. ………………………………………………………………
4. ………………………………………………………………
5. ………………………………………………………………

131 Für Fortgeschrittene schließt sich folgende Frage an: «Und warum …».

Auch wenn ich natürlich weiß, dass Geld nicht alles und sowieso total überbewertet ist – warum ich trotzdem damit hadere, dass ich nicht Millionär geworden bin:

1. ....

2. ....

3. ....

4. ....

5. ....

Mal ganz ehrlich, was würde das ganze Geld denn schon ändern?

1. ....

2. ....

3. ....

4. ....

5. ....

6. ....

7. ....

8. ....

9. ....

10. ....

11. ....

12. ....

13.
....

14.
....

15.
....

16.
....

17.
....

18.
....

19.
....

20.
....

21.
....

22.
....

23.
....

24.
....

25.
....

26.
....

27.
....

28.
....

29.
....

30.
....

31.
....

32. [132]
....

132 Bitte nehmen Sie von hier an einen Stapel weißes Papier, um weiterzuschreiben – wir haben keinen Platz mehr. Danke.

Wohin ich auswandern würde: [133]

1. ....

2. ....

3. ....

4. ....

5. ....

6. ....

7. ....

8. ....

9. ....

10. ....

133 Bitte mit folgender Anschlussfrage im Hinterkopf überdenken: «Und warum so viele hierher einwandern wollen».

Ich brauche mehr Zeit für:[134]

1. ....

2. ....

3. ....

4. ....

5. ....

Wenn ich auswandern würde, würde ich an Deutschland Folgendes vermissen:[135]

1. ....

2. ....

3. ....

4. ....

5. ....

134 Sie haben ja sicherlich schon gemerkt, dass diese Liste im Kapitel **Leben** und nicht im Kapitel **Freizeit** angesiedelt ist – also geben Sie sich bitte etwas Mühe und denken über etwas Nachhaltiges nach. Danke. (Vgl. aber trotzdem die verwandte Liste auf Seite 50.)

135 Hat Ihre Liste hier mehr als zwanzig Punkte, sollten Sie sich das wirklich nochmal überlegen.

Kapitel 13
Tod

166 Zehn Gründe, warum es besser ist zu leben:

1. ....
2. ....
3. ....
4. ....
5. ....
6. ....
7. ....
8. ....
9. ....
10. ....

Und nochmal zehn Gründe (die *offizielle* Liste, die auch Ehefrau, Kinder, Freunde und der Erbonkel lesen dürfen):

1. ....
2. ....
3. ....
4. ....
5. ....

6. ....

7. ....

8. ....

9. ....

10. ....

Fünf phantastische und wunderbare Annehmlichkeiten, die im Himmel / Paradies / Jenseits auf mich warten:

1. ....

2. ....

3. ....

4. ....

5. ....

Mindestens fünf Gründe, die ich anbringen könnte, falls die mich oben nicht reinlassen wollen: [136]

1. ....

2. ....

3. ....

4. ....

5. ....

136 Notfalls folgende Liste zusätzlich ausfüllen: «Wimmern, betteln, flehen – wie ich sie sonst überzeugen könnte, falls sie mich immer noch nicht reinlassen».

Die Hölle – warum es hier besser ist als oben bei den Schleimern und Speichelleckern:

1. ....

2. ....

3. ....

4. ....

5. ....

Wenn ich dem Papst mal die Meinung sagen könnte – meine Argumente:

1. ....

2. ....

3. ....

4. ....

5. ....

Wie ich mich beerdigen lassen würde: [137]

1. ....

2. ....

3. ....

4. ....

5. ....

Fünf Ideen für meine letzten coolen Worte, wenn ich sterbe:

1. ....

2. ....

3. ....

4. ....

5. ....

137 Wahlweise ersetzen durch: «Warum ich diesen Totenkult albern finde», oder: «Zehn Käfer- und Würmerarten, die in meinem Leichnam zu finden sein werden», oder: «Doch eine Feuerbestattung? – Orte, wo ich meine Asche ausstreuen lassen würde».

Was man bei meiner Grabrede über mich sagen soll – in absteigender Reihenfolge:

1. ....

2. ....

3. ....

4. ....

5. ....

Wer auf keinen Fall zu meiner Beerdigung kommen darf (ausschneiden und ins Testament einfügen! Dran denken!):

1. ....

2. ....

3. ....

4. ....

5. ....

Wie ich am liebsten sterben möchte:

1. ....

2. ....

3. ....

4. ....

5. ....

Wer dabei sein soll:

1. ....
2. ....
3. ....

4. ....
5. ....

Wer auf keinen Fall:

1. ....
2. ....
3. ....
4. ....
5. ....

Wem ich vorher unbedingt noch die Meinung sagen muss:

1. ....
2. ....
3. ....
4. ....
5. ....

Warum ich nicht den Mut zusammennehme und die Sache jetzt schon regle:[138]

1. ....

2. ....

3. ....

4. ....

5. ....

Als was oder wer ich wiedergeboren werden möchte:

1. ....

2. ....

3. ....

4. ....

5. ....

138 Vielleicht unterstützt von «Seminarangebote für Selbstbewusstseinstraining in der näheren Umgebung» und «Fünf Kampfsportarten, die ich lernen könnte».

Warum Rauchen[139] völlig ungefährlich und sexy ist und ich mich nicht von der allgemeinen Hysterie anstecken lasse:

1. ....

2. ....

3. ....

4. ....

5. ....

139 Kann auch durch «Trinken / Heroin / Bungeejumping / Straßenkampf / Extrembergsteigen / Stierkampf / Hooliganismus o. Ä.» ersetzt werden.

Kapitel 14
Essen

174 Meine fünf Lieblingsgerichte:

1. ....

2. ....

3. ....

4. ....

5. ....

6. ....

7. ....

8. ....

9. ....

10. ....

11. ....

12. ....

13. ....

14. ....

15. ....

16. ....

17. ....

18. ....

19. ....

20. ....[140]

Fünf Gerichte, die bei mir sofort Ausschlag, Magengrimmen oder Magersucht auslösen:

1. ....

2. ....

3. ....

4. ....

5. ....

Fünf Ideen, was ich meinem Ernährungsberater als Ausrede auftischen könnte, wenn ich mal wieder über die Stränge geschlagen bin:

1. ....

2. ....

3. ....

4. ....

5. ....

140 Sie sehen ja selbst, dass es mehr geworden sind. Aber bitte anschließend folgende Frage beantworten: «Fünf Gründe, warum ich Kalorienzählen völlig überflüssig finde».

Meine fünf Lieblingsmischgetränke:

1. ....

2. ....

3. ....

4. ....

5. ....

«Rotwein fördert ein langes Leben.» Fünf andere angeblich wissenschaftlich belegte Gründe, warum irgendwelche Lebensmittel nun plötzlich gesund sein sollten:

1. ....

2. ....

3. ....

4. ....

5. ....

Wie viele große literarische Werke von Autoren unter extremem Alkoholeinfluss verfasst wurden: [141]

1. ....

2. ....

3. ....

141 Oder wahlweise: «Große Künstler, die an übermäßigem Alkoholkonsum gestorben sind».

4\. ....

5\. ....

6\. ....

7\. ....

8\. ....

9\. ....

10\. ....

11\. ....

12\. ....

13\. ....

14\. ....

15\. ....

16\. ....

17\. ....

18\. ....

19\. ....

20\. ....

Warum ich nicht endlich einmal den Mut zusammennehme und selbst ein Buch schreibe / Maler / Tänzerin / usw. werde: [142]

1. ....

2. ....

3. ....

4. ....

5. ....

Wer überhaupt ein Buch von mir lesen würde (außer Mama):

1. ....

2. ....

3. ....

Entschuldigung, ich schweife ab.

Was ich als Kind am liebsten gegessen habe:

1. ....

2. ....

3. ....

4. ....

5. ....

142 Vgl. auch **Kapitel 5 Arbeit**.

Was ich davon heute noch immer gerne esse:[143]

1. ....

2. ....

3. ....

4. ....

5. ....

Selbst wenn ich das Gefühl habe, ich sei auch sonst immer noch auf der Ebene eines Vierjährigen – fünf Sachen, die sich seitdem definitiv geändert haben:[144]

1. ....

2. ....

3. ....

4. ....

5. ....

143 Wenn Sie hier keinerlei Veränderung feststellen, sondern immer *noch* ausschließlich Milchreis, Grießbrei und Kinderwurst angeben, sollten Sie einmal einen Ernährungsberater (oder wahlweise einen Psychologen) aufsuchen.

144 Vielleicht mit dem Zusatz «leider»?

Und fünf Sachen, die sich leider nicht geändert haben (und es wohl auch nie tun werden):

1. ....

2. ....

3. ....

4. ....

5. ....

Was ich einmal werden möchte, wenn ich groß bin (man kann sich das gar nicht oft genug vergegenwärtigen. Vergleichen Sie also bitte auch die Liste in **Kapitel 11**, analysieren Sie die Unterschiede, und markieren Sie sie blau):

1. ....

2. ....

3. ....

4. ....

5. ....

Warum ich im Flugzeug immer Tomatensaft trinke, sonst aber nie – fünf Arbeitshypothesen:

1. ....

2. ....

3. ....

4. ....

5. ....

Welches andere Modegewürz / -getränk / -gemüse neben Bärlauch ebenfalls verboten gehört:

1. ....

2. ....

3. ....

4. ....

5. ....

Trotz aller guten Vorsätze, der bewussten Ernährung und dem Biogemüse aus kontrolliertem Anbau, das ich jetzt immer kaufe – warum und zu welchen Momenten ich dennoch bei einem Industriedöner / Fleischersatz zwischen Hamburgerbrötchen / Formvorderschinken auf Pizza schwach werde, obwohl ich genau weiß, dass da jeweils höchstens 35 Prozent echtes Fleisch drin sind, wenn überhaupt: [145]

1. ....

2. ....

3. ....

4. ....

5. ....

Für Vegetarier: Warum ich nicht glauben sollte, dass ich ein besserer Mensch sei – und welche anderen arroganten Ansichten ich mir noch abgewöhnen sollte: [146]

1. ....

2. ....

3. ....

4. ....

5. ....

145 Oder ein wenig kürzer formuliert: «Warum ich Fastfood esse».

146 Und ganz ehrlich: «Sehe ich im Spiegel wirklich gesünder aus als ein Fastfood-Junkie, oder bin ich aufgrund meiner Mangelernährung höchstens dünner, aber genauso blass?»

Für Fleischesser: fünf Gemüsesorten, die regelmäßig auf meinem Teller zu finden sind:[147]

1. ....

2. ....

3. ....

4. ....

5. ....

Summa summarum: Fünf Sachen, auf die ich bei einer Diät am wenigsten verzichten könnte:

1. ....

2. ....

3. ....

4. ....

5. ....

147 Wenn Sie weniger als drei nennen, sollten Sie sich die vorige Fußnote auch nochmal durchlesen, sich dann den Vegetarier schnappen und mit ihm gemeinsam zum Ernährungsberater gehen.

Kapitel 15
Listen, die man nicht braucht

Die schönsten Schönheitsköniginnen: [148]

1. Dayana Mendoza
2. Priscilla Perales
3. Valérie Bègue
4. Zhang Zilin
5. Kirsten Haglund
6. Alizee Poulicek
7. Jennifer Hawkins
8. Matilda Mecini
9. Laura Tanguy
10. Satu Tuomisto

Die Hitliste der am meisten erwähnten Hollywoodstars in Hochglanzmagazinen: [149]

1. Brangelina
2. Angelina Jolie

148 Namen sind doch Schall und Rauch, oder? Und ohne Foto nutzt uns das gar nichts.

149 Auch wieder ein klassisches Beispiel für absolut sinnlose Zeit- und Listenverschwendung. Das interessiert doch keinen. Mich so wenig, dass ich nicht mal mehr weiß, wie die Tussi von Tom Cruise heißt.

3. Brad Pitt
4. Madonna
5. Heidi Klum
6. Paris Hilton
7. Jennifer Lopez
8. George Clooney
9. Tom Cruise und seine Tussi
10. Robbie Williams

Die reichsten Männer der Welt: [150]

1. Warren Buffet
2. Carlos Slim Helu
3. Bill Gates
4. Lakshmi Mittal
5. Mukhesh Ambani
6. Anil Ambani
7. Ingvar Kamprad
8. Kushal Pal Singh
9. Oleg Deripaska
10. Karl Albrecht

150 Die sind ohnehin alle vergeben. Und wenn nicht, gibt es dafür Gründe. Und zum Teil sind sie steinalt, und Zeit hätten sie auch keine – so ein Vermögen macht sich schließlich nicht von alleine.

Die Vögel des Jahres des Naturschutzbundes der letzten zehn Jahre:

1. Kormoran (2010)
2. Eisvogel (2009)
3. Kuckuck (2008)
4. Turmfalke (2007)
5. Kleiber (2006)
6. Uhu (2005)
7. Zaunkönig (2004)
8. Mauersegler (2003)
9. Haussperling (2002)
10. Haubentaucher (2001)

Die schönsten Urlaubsziele, an denen ich nie war und wo ich niemals hinkommen werde:

1. Doubtful Sound, Neuseeland
2. Corcovado, Brasilien
3. Antarktis, Antarktis
4. San Juan Islands, USA
5. The Marquesas Islands, Franz. Polynesien
6. Little Dix Bay and the Baths, Antillen
7. The Massai Mara, Kenia
8. Chomolhari Trek and the Tiger's Nest, Bhutan

9. Dingle Peninsula, Irland

10. Lofoten, Norwegen

Was ich diesen Sonntag unbedingt noch im Haus erledigen muss:

1. Putzen

2. Aufräumen

3. Marmeladengläser etikettieren

4. Auch das Badezimmer putzen

5. Und den Küchenboden

6. Und den Kühlschrank

7. Kellertüre ölen

8. Fahrrad endlich wieder verkehrstauglich machen

9. Staub unterm Bett putzen

10. Fotos sortieren

Zehn Gründe, warum Deutschland / Schweiz / … diesmal schon wieder nicht Weltmeister / Europameister geworden ist:

1. Schiedsrichter

2. Schiedsrichter

3. Schiedsrichter

4. Nationaltrainer

5. Faule Millionärsschweine
6. Grobes, unfähiges Pack, das auch nicht besser spielt als die Engländer
7. Nationaltrainer
8. Schiedsrichter
9. Konnten noch nie was
10. Weil das Tor unberechtigterweise gegeben wurde
11. Ich weiß, dass es nur zehn Punkte sein sollten, aber ich lasse mir hier doch nicht einfach so den Mund verbieten. Also ehrlich.
12. Schiri-Null
13. Weil die anderen mehr Glück hatten
14. Weil es Versager sind
15. Weil am Ende doch nicht immer die Deutschen gewinnen
16. Gurken auf den Augen
17. Tomaten auf den Augen
18. Unfähigkeit
19. Absolute Unfähigkeit, arrogantes Pack, das
20. Selbst in der Liga spielen sie scheiße, warum also sollte das international anders sein?

Usw.

Die sinnlosesten Ausgaben, die ich seit meiner Kindheit getätigt habe, und wie reich ich im Umkehrschluss jetzt wäre, wenn ich das ganze Geld gespart hätte:

1. Spielzeugpistole (wurde mir sofort von Klaus abgenommen)
2. 50 Brausetabletten (haben sich aufgelöst, als ich damit in den Teich gefallen bin)
3. Playmobil-Weltraumstation (Piratenschiff war viel besser)
4. Barbie-Puppe (Spontankauf, ohne nachzudenken, habe ich dann sofort an ein Mädchen weiterverschenkt)
5. 100 bunte Murmeln (hat Ingo mir beim Spiel alle abgenommen, aber ich glaub, der hat gepfuscht)
6. ferngesteuertes Boot (ist nach zwei Metern gesunken)
7. Flitzebogen (wurde mir sofort von Klaus abgenommen)
8. Playboy (hat Mama mir abgenommen)
9. Indianerzelt (hat Klaus kaputt gemacht)
10. Yps-Sonderheft mit den Seepferdchen (haben nicht begonnen zu leben)

= 127,36 DM (und einige emotionale Defizite) reicher

Die sexiesten Royals laut *Forbes*: [151]

1. Prinz William
2. Prinz Harry
3. Zara Phillips
4. Prinzessin Beatrice
5. Charlotte Casiraghi
6. Sheikh Hamdan bin Mohammed bin Rashid al Maktoum
7. Prinzessin Victoria
8. Prinz Azim
9. Prinz Carl Philip
10. Andrea Casiraghi

Die bestbezahlten Schauspieler in Hollywood 2008: [152]

1. Will Smith
2. Johnny Depp
3. Eddie Murphy / Mike Myers
4. ---

151 Die sind ohnehin alle vergeben. Und wenn nicht: Zum Teil sind sie steinalt, und Zeit hätten sie auch keine – so ein Adelstitel macht sich schließlich nicht von alleine.

152 Ist es wirklich wichtig, wie viel die verdienen? Wäre nicht viel interessanter, in welchen Filmen sie mitspielen, oder meinetwegen noch, mit wem sie zusammen sind? (Vgl. «Die Hitliste der am meisten erwähnten Hollywoodstars in Hochglanzmagazinen».)

5. Leonardo DiCaprio
6. Bruce Willis
7. Ben Stiller
8. Nicolas Cage
9. Will Ferrel
10. Adam Sandler

Die besten Filme von 1982:[153]

1. *Baby, it's you*
2. *The Big Chill*
3. *The Dresser*
4. *El Norte*
5. *Flashdance*
6. *The King of Comedy*
7. *Local Hero*
8. *National Lampoon's Vacation*
9. *Return of the Jedi*
10. *The Right Stuff*

153 Ja, was für ein unglaubliches Kinojahr. Filmgeschichte, tatsächlich. Na ja.

Eine Liste zu meiner freien Verfügung:[154]

«..................................»

1. ....

2. ....

3. ....

4. ....

5. ....

6. ....

7. ....

8. ....

9. ....

10. ....

154 Na, kommen Sie schon, raus mit der Sprache. Lassen Sie sich einfach gehen. Hm? Keine Scheu.